Vladan Desnica
ZIMSKO LJETOVANJE

REČ I MISAO

NOVA SERIJA

402

Urednici
BRANISLAV MILOŠEVIĆ
DRAGAN LAKIĆEVIĆ

VLADAN DESNICA

ZIMSKO LJETOVANJE

IZDAVAČKA RADNA ORGANIZACIJA „RAD"
BEOGRAD, 1987.

I

Mali skup izbjeglica iz bombardiranog Zadra, smješten po raštrkanim kućama sela Smiljevaca, sastajao se po lijepu danu poslije ručka radi zajedničke šetnje. Cesta se sterala kosom prolazeći između seoskih kuća koje su se nanizale u prisoju; s nje je pucao vidik na razoreni grad u nizini i na more pred njim. Skup je sačinjavalo nekoliko porodica „srednje ruke". Bio je tu knjigoveža Narcizo Golob, štur čovuljak s velikom bezdjetnom ženom, šjorom Terezom, i s dva dječaka iz prvog braka; trgovac mješovitom robom Ante Morić, udovac sa postarijom kćeri Marijanom; brijač Ernesto Doner sa sitnom plavom ženicom Lizetom i djetencetom u kolicima; crnomanjasta krojačica Anita Kresoević sa ulijepljenim uvojkom na čelu (ostatak nekadašnje mode i uspomena na uspjehe iz mladih dana), i nećakinja joj Lina, siroče na njenoj brizi, tanka i mlada plavojka, kako su govorili, nordijskog tipa. Jedini samac u koloniji bio je šjor Karlo, umirovljeni općinski viši računar.

Povorka se polagano kretala cestom, naprijed u grupi ženske sa Donerovim dječjim kolicima, pozadi muškarci sa šjor-Karlom u sredini. Dva mrzovoljasta knjigovežičina pastorka, razbarušena i opuštenih čarapa, lunjala su priključujući se sad jednoj sad drugoj grupi. Meta šetnje bila je „Baturova kovačija" — bijela, ratom prekinuta građevina na osami, pokrivena novim crvenim crijepom a iznutra još nepregrađena, na raskršću gdje općinski put uvire u državnu cestu. Izbjeglice bi posjedale na kamenom pozitku pred pustom kovačijom. Tu, na uviru u glavni drum, činilo im se da su bliže svijetu i njegovim saobraćajnicama; tu su disali šire, napajajući svoju želju za odlaskom. U smiraj sunca vraćalo se društvance istim putem i redom, uz idilično cijukanje dječjih kolica. Anita Kresoević je zastajkivala i oslanjala se o nećakinju da odmori utruđenu nogu sa nabreklim žilama; za grupom su zaostajala dva mlada Goloba, ćulajući nogom odbačenu limenku od konzerve, kakvih ima izobilja oko seoskih crkava i po jarcima uz cestu, svuda kud je prošla vojska. Kad bi previše zaostali, šjora Tereza bi stala, okrenula se podbočivši se u kukovima i zazvala kao da vabi pse: ,,Al--dooo! Bepi-caaa!'' A dječaci bi se trgnuli i požurili.

Kadikad bi projurio cestom, sa treštanjem i tutnjavom, raskliman kamion; na sanducima likera upljačkanim po zadarskim tvornicama sjedili su oružani domaći ljudi u tuđinskim uniformama, s jako naherenim kapama na bujnim grivama, pod izukrštanim uprtačima i kaiševima sa kojih su visjeli ogromni pištolji, kame i kruškaste bombice; razmetljivo su naginjali iz flaša ajerkonjaka i alkermesa ili iz čuturica s rakijom. Njihovo urlanje i nekakva bojna pjesma nadvisivali su treštanje motora. Grupe su se podvajale i sklanjale uz rub ceste; ženske su silazile u jarak pritiskujući rupčić pod nos. Donerovica je svojim tijelom zaklanjala kolica od nejasne opasnosti. Gledali su zastravljenim očima te čudne oružane ljude što su već nestajali u oblaku prašine iz kojeg su se još pomaljala, kao iz ružna sna, zajapurena lica pokazujući u grdnu smijehu snažne zube svojih razvaljenih čeljusti. Ponekad bi naišla i kolona žutih njemačkih teretnjaka natovarenih svakojakim namještajem, madracima, pećima, i čak iz zida iščupanim radijatorima; u suncu su blještala velika ogledala u teškim pozlaćenim okvirima i ječali potresni klaviri. Sve su to Nijemci tovarili i odnosili u uvjerenju da će plijen sretno stići njihovim dalekim kućama, dok će manje vrijedne stvari prodati negdje uz put za slaninu i rakiju. Na čitavom tom čudu sjedili su u svijetlim tropskim uniformama i kratkim hlačama u kojima su dopirali iz Afrike. Užireni ratnici isturili preko ograde gole gnjate sa bjelkastim maljama pa ih sunčaju, smiju se samozadovoljno sa svojih lećaivih lica i s bezobraznom sigurnošću gledaju u žene.

Čim bi cestom zatutnjila prva kola, izbjeglice bi se osvrnule: ako bi se vidjelo da za prvima slijedi čitava kolona, šjor Karlo bi spremno izvadio iz aluminijumske kutije krpicu s vrpcom, namočio je vodom iz ploskice i vezao je preko nosa i ustiju, sličan kirurgu kod operacije. Tu je kutijicu s krpicom pripremio davno, još prije nego je izbio rat, pažljivo čitajući uputstva za odbranu od bojnih otrova; i evo sad je, ipak, ta naoko suvišna predostrožnost došla do upotrebe; dokaz više da predostrožnosti nikad nisu naodmet i da događaji na koncu uvijek daju za pravo razboritu čovjeku. Pri tome ga nimalo nije smetao diskretan osmijeh njegovih sugrađana ni široko nacerena lica i u nj uprti prsti njemačkih žujana. On je samo stresao ramenima i govorio da „treba biti superioran". (A možda mu je upotreba te krpice bila mila i zato što mu je davala povoda za tu superiornost.)

Donerovi su se smjestili u Smiljevcima kod Ićana Brnosa, s kojim se Ernesto poznavao odranije. Ovo je za njih, kao i za većinu zadarskih izbjeglica, bio prvi susret sa selom. Proživjeli su čitav vijek u njegovoj neposrednoj blizini, kupujući svakodnevno njegove proizvode i prodajući mu svoje usluge i odbačene starudije — a opet kao da su od njega odijeljeni kineskim zidom ili pojasom pustoši i udaljeni hiljadama kilometara! Zato je njihov dolazak na selo imao, donekle, čar puta u dalek i egzotičan kraj. Doista, njihova predstava sela bila je dotle prilično oskudna i neodređena. Za Lizetu selo je bilo mjesto gdje ima izobilja pilića, purana, pršuta, vina, i gdje se pred Uskrs ovce dadu na posao da nakote dovoljno jaganjaca a kokoši da snesu dovoljno jaja. Na selu, dakle, ima obilno svega toga, ali nadasve mlijeka, mlijeka! U toj njenoj predstavi mlijeko je naviralo nepresušno, bujalo i pritiskalo kao u grudima novorotkinje, teklo potokom i rijekom, nemjereno i nezaustavivo, odlijevalo se u kablice, zdjele, čanke i čančiće, a nikako da mu se postavi brana i uredi otjecanje. Njegov prijesni miris zavijavao je čitavu tu njenu predodžbu sela. Na selu ima i dosta voća, ali je šturo, nezrelo, ni izdaleka onako dobro i izgledno kao ono u gradu, i od njega se dobija srdobolja. Na selu također ima polja i livada (naročito livada koje su ljepše jer su uvijek zelene); polja su puna makova, a livade pune onog žutog, i onog bijelog, i onog ljubičastog poljskog cvijeća kratke peteljke koje u raznim mjesecima preplavi gradsku tržnicu, i koje ona dobro poznaje još od djetinjstva, ali kojemu se u gradu ne zna imena. Kroz te livade neminovno protječe potočić; ako slučajno nema potočića, to može da bude samo propust iz zaboravnosti; tako, uostalom, stoji i na dvjema sličicama u okvirićima od hrastove kore koje vise (ili koje su bar do bombardmana visjele!) u hodniku njenog stana u gradu; na jednoj od njih, štaviše, ima u pozadini i stara vjetrenjača, ali to, u našim bijednim krajevima, baš ne mora da bude. Ljudi su na selu podmukli i lukavi, i imaju uvijek prljave ruke; zato im ne valja dozvoliti da bilo šta diraju rukama. Oni su, osim toga, prilično smiješni; useknjuju se prstima, i treba im dobro vikati, jer su malko nagluhi, od prljavštine koja im se nakupila u ušima. Žive kukavno, ali tome su krivi sami jer su krajnje neumješni i nesnalažljivi te ne umiju da iskoriste i uživaju toliko blago božje (one kokoši, one pršute, i ono mlijeko!). Govore — to im je osobina — nekako smiješno i nerazumljivo („*un modo assai buffo de parlar*"[1]), i u svakoj prilici gledaju da podvale građanima; naročito vole da poture mućke kunući se da su svježa, tog jutra snesena jaja, a kadri su čak i da prodadu meso od crkotine. Djeca su im musava, zato što ih ne umivaju i ne rede, i kržljava i sitna, zato što ih izmalena zapajaju vinom i rakijom.

Ali selo ima jednu naročito ružnu stranu: to su zmije! Ima ih sva sila; svagdje i na svakom mjestu; stvore se čudom, kao iz ničega. One se odgone vonjem zapaljene krpe. Podmukle su, kao i njihovi gospodari seljaci (koje ujedaju mnogo rjeđe i mnogo manje rado nego građane); ima ih i takvih koje strelovitom brzinom jure za čeljadetom sikćući jezivo, pri čemu taj fijuk raste u tonu uporedo s brzinom zmijina kretanja, od čega se jadnom bjeguncu noge ukoče, a srce skoči u grlo te ne može dalje ni makac. (Jednom je jedna majka našla smotanu zmiju pod uzglavljem svog djeteta.) Na selu, isto tako, ima i mnogo komaraca (no oni su

---

[1] Jako smiješan način govora.

šala u poređenju sa zmijama!). Komarci lijetaju naveče i od njihova uboda dobiva se malarija, koja se osim toga dobiva i kad se smoče noge. Zato se na selu, za nuždu, može još nekako živjeti u proljeće, i to samo od zore do mraka. Seljaci, dabome, tu žive preko cijele godine, i danju i noću. Ali seljaci su seljaci.

Ernestova predodžba sela bila je nešto stvarnija i potpunija. On je znao da ima i bogatih seljaka, koji imaju kuću na sprat i kod kojih se ne zna za bijedu; nerijetko su jako osjetljivi, pa se ne valja pred njima smijati na njihov račun. Gradski lovci često su u prijateljskim vezama s takvim plemenskim poglavicama i svraćaju k njima kad pođu u lov. Oni im pribavljaju sačmu i barut, a seljaci se odužuju pršutom i vinom. Naročito otkako je rat i otkako su ta sela potpala pod zadarske talijanske vlasti, te su veze produbljene; lovci im pomažu da dođu do lovnih dozvola i do umjetnog gnojiva, a uporedo s tim povećala su se i seljačka oduženja. Ernesto je znao i to da seljaci pojačavaju vino šećerom i da plaćaju sasvim malu, upravo smiješno neznatnu zemljarinu, a da općinsku pristojbu za pašu uopće ne plaćaju. Znao je da se uvijek pretvaraju i da su majstori u cjenkanju, da se umiju prenemagati kao da su zgoljna sirotinja i prikazivati da je novac koji vade zadnja parica koju imaju, dok stvarno kriju negdje pod košuljom i po nekoliko hiljadarki. Vina su im dvojaka, ali podjednako slaba: jedni, neuki i zaostali, prave ih na primitivan način, pa od odličnog grožđa dobivaju onaj svoj nemogući, mutni i nakiseli napitak, koji daje gnjileži i mješinom; drugi, i previše lukavi i previjani, služe se kojekakvim umjetnim sredstvima, dodavaju vinu boju, sumpor i druge tvari, uslijed čega takva vina smrde po pokvarenim jajima i od njih boli glava. Ali, između ta dva jednako nevaljala vina — između onog primitivnog i onog pokvarenjačkog — lebdi jedna tajanstvena i brižno čuvana bačvica „pravog, nepatvorenog domaćeg vina" iz koje seljaci piju o nekim svojim velikim godovima i svetkovinama. Građanin rijetko dođe u priliku da okusi tog odličnog vina, jer ga seljaci ljubomorno kriju od očiju bijelog čovjeka. Svaki seljak, pa i siromašniji, ima jednu takvu tajanstvenu bačvicu, koja mu je već od Boga data, kao devi njena grba.

Ernesto doduše nije bio lovac, ali je još kao mlad brijački pomoćnik bio strastven biciklist, i kao takav više puta napravio s drugovima nedjeljni izlet u Murvicu. Veseli mladići dali bi ispeći janje u krčmi Jure Šolaka, razvalili se po ledini i pjevali uz mandoline neke vragoljaste pjesme prekidane gromkim uzvicima, kikotali se i kreveljili na sve moguće načine. A seljani bi se sakupili u krugu oko njih i zadivljeno se smijuljili nerazumljivoj i količini popijenog vina nesrazmernoj lacmanskoj[1] obijesti i nestašluku. Eto na tim izletima i iz razgovora s lovcima u svojoj brijačnici Ernesto je, uglavnom, skupio svoja saznanja o selu i seljacima.

Njegovo poznanstvo s Ićanom nije bilo starijeg datuma; ono je bilo slučajno a potjecalo je iz ratnog vremena. Ernestova se brijačnica nalazila na raskršću pri samom ulazu u Zadar, u blizini poljanice gdje seljaci ostavljaju kola i nahranjuju konje ispregnuvši ih i vezavši ulare za rudo. On ih je danomice gledao, stojeći dokon iza stakla s rukama u džepu i zviždućući. Ipak, rijetko je prekoračivao prag svoje radnje da stupi s njima u razgovor; to je bivalo samo u određenim prigodama: pred Božić i ostale veće svetke, kad je tu nedaleko od njegove brijačnice bio pravi sajam purana ili janjadi. Tad bi, onako u bijelom mantilu, ogledao čitave povorke purana vezanih za noge u parove i okrenutih strmoglavce, opipavao ih redom, provjeravao, kao kakav mitničar, što seljani nose u grad. Pri tome je nepromijenjeno zapitkivao: „koliko tražiš"; i na seljakov odgovor — pa ma kakav bio puran i ma koja cijena — uvijek nepromijenjeno odvraćao da puran nije baš najbolji a da je cijena previsoka. Seljak bi se odvrnuo bez odgovora i pošao dalje, čim bi vidio da nije ozbiljan kupac već da to tjera onako radi nekakve svoje zabave. A Ernesto, da mu još više zagorča, doviknuo bi za njim:

— Nećeš ti nigdje dobiti to što za nj tražiš!
— Ako i neću! — odvraćao je ljutito seljak ne osvrćući se.

Rijetko je kad i seljak stupio u njegovu radnju, osim pogreškom. To je bivalo naročito sada, za vrijeme rata, kad

---
[1] Građanski, gospodski.

nije nalazio potrebne stvari u radnjama u kojima se ranije snabdijevao, pa ih je tražio svagdje, i po najbezizglednijim mjestima. Tako se, eto, desilo i poznanstvo između Ernesta i Ićana. Stoji Ićan pred brijačnicom, blene unutra kroz staklo izloga i nešto se skanjiva. Najzad upada u radnju i pita — ima li kolomaza. Kolomaza nije bilo već dvije godine, i to ni ondje gdje mu je mjesto a kamoli u brijačnicama, i Ićan to vrlo dobro zna, ali opet misli da nije zgorega upitati. Jer zna i to da bi mu, kad ne bi upitao, putem sve do kuće radila u glavi ta buba i raslo uvjerenje da bi kolomaza posigurno bio našao baš u onoj jednoj radnji u kojoj nije upitao. Istina, Ićan nije našao kolomaza, ali je dobio prijatelja i poslovnu vezu. Razvezao se razgovor između njih, i pokazalo se da bi Ernesto mogao pronaći, preko jednog svog znanca, modre galice za vinograd, a Ićan je opet njemu obećao pribaviti pšenice, nešto slanine i jaja.

Malo-pomalo, veze su se učvrstile i produbile.

II

Ali došlo je vrijeme kad su se ratne tegobe jače osjetile i u Zadru. Pred kraj ljeta 1943. naiđe, kao slučajno, jedan manji zračni napad — gotovo šala: tri-četiri aviona izbacila su svoj teret naslijepo, ne uzrokujući znatnijih žrtava i šteta. Zato taj prvi napad nije prenerazio; naprotiv, u ljudima je čak pobudio uvjerenje da to i nije baš tako strašna stvar kako se zamišlja i stvorio im dosta laskavu predodžbu o izdržljivosti njihovih živaca. Sad su, dakle, znali iz vlastitog iskustva što to znači napad iz zraka! Pojedinci su imali prilike da u sebi otkriju dotad nepoznatu hladnokrvnost, i ta prijatna otkrića o sebi naknađivala su ih za preživljeni čas ježnje, koja je u stvari bila više uzbuđenje nego strah. I tako je ovo prvo iskušenje samo podiglo opći moral i ,,duhu otpora grada" dalo uznosito čelo i ležeran, gotovo promenadni korak.

Naravno, o bombardmanima se i dalje govorilo kao o nepoželjnoj pojavi, ali načinom kakvim o morskoj bolesti govori onaj kome lično more ne škodi. Mnogi sasvim obični građani pomalo su poprimili ton i izraze profesionalnih patriota, vojnih komandanata, i uopće lica „koja su po ugovoru ili po datoj zakletvi uzela na se obavezu da će biti nepristupačna strahu". Govorilo se o „privikavanju", o „čeličenju živaca", bombardman je nazivan „vatrenim krštenjem" i „ispitom koji je grad položio". Stoički duh dolazio je do izraza u izrekama kao „rat je rat", „pobijedit će ko dulje izdrži" i tome slično, a ponekad se izlijevao u širu, nesebičniju misao: „Istina, nije nam lako, ali moramo misliti na one kojima je još teže."

Svak je prema bombardmanu imao svoj lični stav i svoje lično pravilo, i osjećao neku prijeku potrebu, gotovo neku dužnost, da taj stav i to pravilo saopći sugrađanima. Jedan je izjavljivao: „Što se mene tiče, može da trubi na uzbunu koliko god hoće — ja se ne mičem iz kreveta." Drugi je opet, govorio kako on naročito izlazi na ulicu da prati kretanje i smjer aviona — njega to silno zanima. Treći, čedniji ali s istaknutim smislom za engleski stil, ograničavao se na to da priča kako on, na znak sirene, jednostavno uzme svoj roman i smota svoj pled, i mirno siđe u sklonište. Jedan je, pak, savjetovao jednu jezivu mjeru opreza: čim u blizini padne bomba, treba uskočiti u krater koji je iskopala: — tu je, veli, najsigurnije. Ako bi se takvom deliji učinilo da ljudi ne odobravaju njegovu lakomislenost, ili da mnogo u nju ne vjeruju, tad bi, da je opravda a ujedno učini uvjerljivijom, nadodao ljupko rumeneći: „Ta i onako, ako je već suđeno poginuti!..."

Bilo je, dabome, i šaljivih pojedinosti. Pričalo se kako kod nekih uzbuđenje uzrokuje pojavu naglog proljeva, ili kako neki drugi zavlače panično glavu pod šivaću mašinu čim samo zatrubi auto negdje na cesti. Ali i te nejunačke pojedinosti samo su začinjale šaljivom notom to uzbudljivo doba i time doprinosile lakšem snošenju ratnih nevolja.

Razumije se, bilo je i takvih koji su uporno mučali. Ali oni razgovorljivi bili su daleko brojniji i uočljiviji. Učinci onog prvog napadaja nisu se nametali oku: žrtve su bile pod zemljom ili pod ruševinama, a njihovi najbliži povučeni i zakukuljeni u svom jadu.

Mlađarija (kao mlađarija!) nije se brinula čak ni da svom nestašluku dâ suzdržaniji vid. Ona je avionima pridijevala svakojaka smiješna imena, već po asocijaciji na boju, oblik, zuj motora: po ranom jutarnjem satu kad su se obično pojavljivali nazivala ih je „mljekaricama"; sirenu su okrstili „budionikom", bombe „kruškama" itd. Jedan mršav mladić kratkovidnih očiju i bubuljičava lica bio je poznat po tome što je umio da zatuli savršeno slično sireni, i time je po deset puta na dan nagonio „svoju staru" u komičan strah. Česti alarmi zaveli su ono vanredno stanje i uzrokovali onaj prijatni poremećaj navika i dnevnog rasporeda koji toliko gode mlađima. Večernje uzbune pružile su im prilike za mnoge prekoredne sastanke; na prvi jek, mladost je istrčavala iz kuća sa zalogajem u ustima i navlačeći kaput po stepenicama: vesela društvanca izlazila su u polja i dugo sjedila na ledini, pušeći i pjevuckajući pod mjesečinom.

Svakodnevno su prelijetali avioni i ne osvrćući se na malo, mirno gnijezdo, i u ljudima se opet počeo ustaljivati osjećaj bezbijednosti i uvjerenja da je onaj prvi napad bio samo neka zabuna ili prolazni hir. Grad se tješio svojom neznatnošću i skrivao se iza nje kao iza štita. Svakom bi se bilo učinilo kao nepojmljiv i neodgovoran ispad kad bi jednog jutra uobičajeno i već prijateljsko jato aviona, mjesto da proleti mirno dalje, prekršilo sva dotle prećutno ustanovljena pravila igre i zasulo bombama spokojni gradić. Niko se pred njima nije sklanjao s puta; zabačene glave na kojima je ruka pridržavala šešir gledale su žmireći od jasa u bistro oktobarsko nebo i tražile po njemu svjetlucave aluminijumske križiće čija je gvozdena zuka, nesrazmjerna njihovom sitnom tijelu, kao kod popca, odzvanjala među oblacima; crni penzionerski štapići uprti u modrinu neba otkrivali su i pokazivali jedan drugome sve nove i nove križiće, kao odbjegle dječje balone.

Bježati u skloništa postalo je pomalo smiješno, gotovo znak lošeg ukusa, i po tome se prepoznavao čovjek iz provincije.

III

Suha i topla vremena potrajala su duboko u jesen. Treće nedjelje u oktobru, nad malim gradom sjalo je bezgranično sunčano jutro. Stare sumračne kuće izručile su iz sebe svu svoju sadržinu ljudskog. Iz kapilarâ uskih ulica i uličica sunce je izvabilo na obalu litije svijeta. Čitav grad izlio se u šetnju. Ernesto se s prijateljima Bertom i Kekinom vukao lijenim nedjeljnim korakom po samom rubu obalnog pločnika. Zastajkivali su promatrajući bosonoge derančiće gdje ostima gađaju rakove koji su hitro umicali u sastavke zida. Sučelice gradu lebdio je, lagano, bez težine, jasan obris otokâ na blistavoj, savršeno mirnoj plohi mora. Sve se predavalo suncu, otvoreno, dokraja golo, bez zaštite, bez mreškanja stida. U mekanoj svilici između žmirkavih trepavica stapalo se proljeće i jesen i potitravala obmana: možda idemo natrag, u ljeto — ko zna, možda se, u ovim općim poremećajima, poremetio i mehanizam koji smjenjuje godišnja doba. Isposničko, ratom iscrpljeno tijelo tako vapi za sunčanom toplinom! Ali za ovom blagom, proljetno-jesenjom, ne sasvim ljetnom. Jer ona ljetna takođe zna biti zamorna. Iziskuje od organizma izvjestan napor da je u sebe upije i asimilira.

— Aaaah!... — protegne Ernesto ruke i udahne topli, prosunčani vazduh. — Ipak je dobra ova naša stara Dalmacija! Oskudna je, bogu iza leđa, tegobna za snabdijevanje u ovim teškim vremenima, ali tim sigurnija, po strani od velikih događaja!...

S glatke površine mora dopirali su, ipak, neprijatni talasići, još sasvim goluždravi, bez pjene, tek u paperju, i s malim slasnim pljaskom razbijali se u krilu obale. Jedanaest otkucaja, jedanaest smotrenih monaških koračaja, otkine se sa zvonika, odmjereno, ostavljajući jedan drugome dovoljno vremena da se rastanje, usitne i raspu kroz prazni proriietki vazduh. Razlijegali su se gotovo sasvim vodoravno; tek neznatan dio njihovog prašuljka trunio se na grad, na lišajivi crijep pocrnjelih krovova, na sterilni gradski pločnik, na uljanu opnu mora.

U vedrini neba zazuje još nevidljivi avioni. (Ernesto je kasnije vjerovao da je, već u tom prvom času, u njihovoj zuki razabrao nešto neobično, malu klicu jeze.) Kad se pojaviše, učini mu se da lete nešto niže nego redovno i da su razvrstani u nekom naročito preciznom poređaju. Pitao se što to treba da znači — a već su iz predgrađa zatutnjile prve eksplozije.

Nastade strka. Svak se učas našao sklonjen, ni sam ne znajući kako, u nekoj kapiji, u presvođenom prolazu, iza kakvog kioska. Ernesto uleti u jednu otvorenu magazu u koju je gmuo svijet. Nije znao kad je i gdje izgubio prijatelje. Ulice opustješe. Jedna mlada žena s kockastom torbicom u zadnji čas pretrči iz kapije gdje se najprije sklonila u onu preko puta, pa opet natrag: stalno joj se činilo da je sigurnije tamo gdje nije ona. Ernesto se povuče dublje u magazu i pribi se k ostalima u gomilu. Potresi, već sasvim bliski, drmali su zgradom iz temelja. Zubi su cvokotali, za svoj račun, sami od sebe. Novine nad glavom, kartonska kutija, čak i podignut ovratnik kaputa, i dlanovi sastavljeni nad tjemenom — sve je bilo dobro, sve je zaštićivalo. Pritiješnjenost u gomili davala je topli osjećaj bezbjednosti, kao da se zlo i ugroženost umanjuju i dijele što većim brojem i što jačom zbijenošću krda. Neki su sklopili oči; usne šapuću — mole se ili broje — odmjeravaju vrijeme iskušenju. Sad već eksplozije riču u neposrednoj blizini. Huk ruševina ima neki iskonski, nezemaljski glas, ponire u neslućene bezdane dubine odnoseći sobom sve ljudsko, uz silan osjećaj prosjedanja, do u samo srce zemlje. Čovjeku se u tom času otkrivala jedna nova, nepoznata dimenzija. I smjesta je za nju nicalo jedno dotle zapretano čulo, i, uporedo s njim, jedan novi oblik straha.

Sve je potrajalo četiri-pet minuta. Val je protutnjio nad glavom, i minuo. Brujanje motora jenjavalo je u daljini. Ljudi izađoše iz zaklonâ ošamućeni. Zapahnu ih strašna, sumračna tišina. Izumiruće udaljavanje aviona još je uvećavalo mrtvu pustoš koju su ostavili za sobom. Za samih tih pet minuta sve je bilo izmijenjeno, preobraženo. Vedro sunčano jutro prometnulo se odjednom u crnu tmušu, u kišu pepela, u smrad eksploziva i paljevine. Velike palače koje su do maločas stajale tu, nisu više postojale; preko njihovih upražnjenih mjesta otvarali su se novi vidici i pružale se pogledu nepoznate slike: stražnje gole strane građevina, leđa skromnih kućeraka, memljiva dvorišta, sada po prvi put otvorena vidiku i suncu.

Na nevelikom trgu ležala je samo jedna žrtva: mlada žena. Kosa joj je zastrla lice; između nadignute suknje i čarape bijelio se komad nemoćne puti. Na dva koraka od nje bila je odbačena njena kockasta torbica.

Ernesto krene u grupi s ostalima. Pustim ulicama provrvješe male žurajive skupine ljudi, izduljenih lica, ukočenih čeljusti, raskolačenih očiju; tapkali su nijemo kroz uleđenu tišinu pustoši drvenim koracima koji su odzvanjali po pločniku, kao u noći. Malo dalje, žrtve su bile brojnije; ponegdje vrlo guste. Zagledavali su u rasporene utrobe, otrgnute udove, raskoljene lubanje. Naiđoše na jednu otkotrljanu glavu kojoj u blizini nije bilo vidjeti tijela kome je pripadala. Gledajući ta raskasapljena tijela, bio je iznenađen kako to začudno sliči presjecima koje je vidio u knjigama o zdravlju: i boja rasječenih tkiva, i brižljivo iscrtane vene, arterije, nervi. Samo, što nije odgovaralo njegovim predodžbama, lokvice krvi su neočekivano male, a krv mnogo tanja i bljeđa nego što ju je zamišljao — nekakva razrijeđena, vodnjikasta sukrvica svjetlonarančaste boje. Začudilo ga je neprotumačivo, krajnje bljedilo na licima i tijelu žrtava, čak i onih koje nisu iskrvarile — valjda odatle što ih je smrt zadesila u trenutku velike prepasti. Jedan ga drug mune laktom bez riječi i pokaza nasred ulice gornju polovicu muškaračkog tijela, sa glavom i objema rukama: njemački vojnik, ravno presječen preko pasa; desna mu je bila podignuta uvis, kao da harangira ili zazivlje, a usta otvorena kao u kriku; sličio je na prevaljenu bistu. Čudnovato im je izgledalo to nepotpuno tijelo, kratko kao *vind-jaka;* šutke su ga obilazili i požurivali korak, a oko im se otimalo natrag za njim.

Naišli su na grdno porušene predjele gdje su morali da se penju preko razvalina. Tu su žrtve bile rjeđe; možda su bile zatrpane pod ruševinama. Kroz šuplje prozore vidjelo se nebo; na po kojem izletjele zavjese ili dopola isturen razbucani madrac.

Sukobljavali su se s rijetkim prolaznicima, koji su išli u protivnom pravcu. Ali niko nikoga nije oslovljavao. Ni među sobom nisu govorili, osim što bi poneko uzdahnuo ili tiho izustio kakvu nejasnu riječ vapaja ili zgražanja.

Iz puste uličice ispadne preda njih čudna spodoba čovjeka — na prvi mah ne prepoznaše nije li muško ili žensko; lice mu je potpuno pepeljasto, naježena kosa strši mu na glavi, prosjeda od pepela i prašine; izbečio oči kao tenac i ide uličicom s osjećanjem živa zakopana, gotovo s nevjericom da je zbilja živ i da vidi žive ljude. Upućuje se prema njima, hoće mu se da se osjeti među svojima, među živima, da oćuti njihovu toplinu. Ali u njima pobeđuje ludi strah i nagon da bježe, s prastarom panikom s kojom su ljudi bježali od gubavaca. Nepoznati krene ravno na Ernesta koji je bio zaostao: da mu je samo malo bliže prišao ili pružio ruku da ga dohvati, Ernesto bi bio dreknuo. On požuri i probije se usred gomile.

Kod jedne porušene kuće stajao je i buljio čovjek kome kao da se nikuda ne žuri; ogledao se s nekim lijenim zanimanjem. Reče im da su tu u podrumu zatrpani ukućani: čini mu se da se čuju vapaji i zazivanje ispod gomile ruševina. Zastadoše kratak čas osluškujući. Pa jedan odmahnu rukom i krenuše dalje — nije se čulo ništa. U Ernesta se zasjedno uvuče misao: oni unutra viču, i dozivlju, i premiru samo od dvojbe hoće li do ljudi napolju (kako mora da im se čine nenadmašivo, vrhovno sretni ti slobodni ljudi napolju!) doprijeti saznanje da su oni tu zakopani — sigurno ni za časak ne sumnjaju da će ti „ljudi napolju" poduzeti smjesta sve moguće i nemoguće da ih odatle izbave. A njihova grupica, eto, s malim ježurom, hita dalje; jedan iz grupice se krsti — za njihovu dušu ili za svoju? — i ubrzava korak. Ernesto pomisli kako je do juče, pa i do maločas, i sam tvrdo vjerovao, kao što sad vjeruju oni zatrpani, da će u takvom slučaju svi ljudi napolju, svi ljudi na svijetu, ostaviti sve drugo, bataliti sve vlastite brige i poduzeti složno i odlučno akciju spasavanja. A sad on zna ono što oni dolje, u podrumu, još ne znaju. Osjeti kao da ga neki šiljčić tišti u potiljak: kao da zakopani kroz neku rupicu tankim zračkom pogleda motre za njima gdje promiču. I bi mu opet neugodno da bude posljednji, pa se proturi naprijed. Izišli su iz centruma, prošli mimo gradski park. Već se dohvataju vojničkog vježbališta. Tu je razaranje nešto manje, ili ima više širine pa razorenost manje tišti. Tu su velike rupe na cesti, na svakih pedesetak metara, gotovo pravilno raspoređene, no žrtava gotovo i nema. Ali, malo podalje, kod dječjeg obdaništa naiđoše opet na pokolj: bomba je pogodila red mališana i djevojčica uprav kad su ih izveli u šetnju. Neke je eksplozija bacila visoko u zrak pa su padajući s visine zapeli na telegrafske žice pored puta; vise tako dječja tjelešca, presumićena preko žica kao djetinje haljinice izvješane na sušenje.

— Bože, bože, gdje si! — jaukne jedna žena, pa se prekrsti. Ostali pognuše dublje glave i proslijediše pogureno, potreseni do same granice neke nejasne krivice.

Uskoro se nađoše van najužeg pojasa opasnosti i pustošenja. Zadobivena bezbjednost provali u njima u radost života koja se ispoljavala u potrebi govorenja, tako da su se, iz osjećaja doličnosti, jedva suspregali. Taj primarni poriv radosti i ono, sve jače, čuvstvo nejasne krivice, protuteža za dotadašnju isključivu ovladanost slijepim nagonom samospasavanja, potpomognuti naglim popuštanjem živaca poslije krajnje prenapregnutosti, stopiše se u neodređenu blagodarnost. Koja se, kod jednih, izli u dužnost ganuća, kod drugih u dužnost indignacije.

— *Mannaggia!*[1]... — othukne krojač Minuči, doseljeni Napolitanac. — Eto! Neka sad drži što je dobio!...

Svima je bilo jasno da je riječ o Dučeu.

— ...Sjećate li ga se? *Oggi obbiamo avuto l'alto onore di prender parte ai bombardamenti di Londra!*[2]... Budala!... Bio je ponosit kao puran što su mu Nijemci najzad dozvolili da i on pošalje nekoliko svojih aviona na London!... Eto mu sad *l'alto onore!*...

[1] Uzvik ili kletva, „zla mu sreća!"
[2] Danas smo imali visoku čast da učestvujemo u bombardovanju Londona!

— Svima je progovorio iz duše.
— Uprav tako!... — povladi mu Ernesto. — Samo, posljedice toga sad snosimo mi a ne on!... — Ipak, sjeti se kako je još nedavno stupao u jednoj povorci o bok krojaču i kako je krojač zadivljujuće snažnim glasom iz svoje oniske stature neprekidno skandirao *Du-če! Du-če!*... A, zapravo, za krojačem pomalo i on sâm...

Nego, tamo negdje, kako je izgledalo baš u pravcu njegove kuće, dizao se velik stub dima. „Gle bogamu! Dosad nisam ni pomislio na moje! Kao da sam sâm na svijetu!"... Osjeti da je u taj isti čas i u drugima proklijala ista misao. Jer su se svi naglo pokunjili i ponovo ušutjeli. „Što mi je od žene, od djeteta?" upita se. Ali ih ni sad ne spomenu. Tek pogleda ispod oka na ostale, da provjeri.

— *Ma l'uomo è proprio una bestia!*[1] .. — izvali Minuči, naoko bez veze. „A-ha! i kod ostalih je isto!" odlakne Ernestu.

— ...*Madona mia*, ko zna što je od naših!... — nastavi krojač, zaodjevajući u taj prigodno stvoreni kolektiv — „naši" — svoj pojedinačni grijeh.

Da, onaj tmasti stub dima nesumnjivo je u pravcu njegove kuće! Ernesto htjede da upita za mišljenje ostale, ali se sujevjerno suzdrža. U njemu stade krupno rasti nemir. Naglo je izgubio svaku volju za razgovor. Na raskršću se žurno oprosti od grupe i udari poprijeko.

Primicao se kući pun zebnje. U isti mah je i želio da sretne koga poznatog da čuje što o svojima, i polusvjesno izbjegavao takav susret. Izbi na poljanicu u blizini svog stana. Postariji seljak, ispadnuvši kao mamuran iz skloništa, prezao je ljutit konja i razmrsivao zapleteno remenje, udarajući živinče dlanom po gubici, i psujući prokleti grad i čas kad je u nj došao. Jer nije to tek onako što seljak svetkom nikad ne odlazi u grad! I eto sad kao da mu je najzad postajao jasan taj neshvatljivi i prividno bezrazložni običaj, od pradavnine, valjda stoljećima šutke prenošen s oca na sina, poput čestice mošti ušivene u amajliju koja, neviđena i nepojmljiva, ipak zrači svoju čudotvornu moć.

---
[1] Ali čovjek je prava životinja!...

Ernesto stiže pred kuću. Osim vanjskih oštrapaka po zidu i polupanih stakala, zgrada je izgledala nepovrijeđena. Ali mrtva tišina oko nje i opustjelost prozora ulijevala mu je zlu slutnju. Uspeo se kradom uza stepenice i stao pred kućnim vratima. Lupa srca odzvanjala mu je u ušima. Zastao je s rukom na kvaki i suspregao dah... Iz kuhinje se čulo spokojno gagoljenje djeteta. Provali unutra i zastade na kuhinjskim vratima. Lizeta ga je gledala s nevjericom, raširenih očiju. Zatim mu poleti u naručaj i briznu u plač.

IV

— No dobro, sad se primiri, ne plači! Sad je sve prošlo! — umirivao je Ernesto Lizetu.
— Evo, ne plačem više; to su samo nervi — uvjeravala je ona gutajući slinu, a na licu bi joj sinuo suzan osmijeh. Pa bi nastavila priču, i domalo bi opet navrle suze.

Pričala je već dugo, ulazeći, kao obično, u beskrajne potankosti, upadajući sama sebi u riječ, ili prekidajući nit da bi kratko nagovijestila nešto o čemu će kasnije govoriti opširnije. Kad je bila uzbuđena, kao sad, i kad je ono o čemu je pričala bilo krupno i potresno, ili kad se žurila da stvar ispripovijedi brzo i kratko, zastranjivanja su bivala veća, zaplitanja bezizlaznija a sitnice obilnije i beznačajnije. Patila je od savjesnosti (brišući prašinu, provlačila je krajičak krpice kroz najsitnije proreze svog dosta starinskog mebla), pa je gorjela od poštenog nastojanja da iz sebe istrese sve, da ništa ne ostane pri njoj, strahujući da ne bi ispustila koju pojedinost, jer bi je to peklo kao neka utaja ili iznevjereni zavjet. Zato se u govoru napinjala unoseći u nj svu dušu. Tada joj se jače primjećivao na vratu lagani početak guše.

Doživljaj koji je htjela da ispripovijedi bio je sam po sebi tako jednostavan i mali da je tek po takvom načinu pričanja postajao nešto i dobivao izvjesnu zapreminu: za vrijeme bombardmana bila je kod kuće, u svojoj kuhinjici. Da, ali to se dogodilo pukim slučajem, čisto nekom srećom, kao po nekom nadahnuću, ili kao da ju je sama Gospa štitila, jer je upravo bila odlučila da izvede malu Mafaldu na šetnju, pa se u zadnji čas prisjetila da ispegla još dvije pelenice (pošto nije htjela da joj se mala prehladi, kao neki dan kad je pošla s njom u posjete tetki Đildi — zbilja, ko zna kako je ona prošla u bombardmanu? — to bi doista bila ironija sudbine da kukava stara zaglavi od bombe, poslije nego se onako čudesno spasila od zapletaja crijeva — i to baš danas, uoči godišnjice smrti jadnog barba-Rikarda...). Dakle... (gdje li je ono stala?...) ...ah, da, dakle, sva sreća što nije izišla iz kuće, jer da je izišla, bilo bi je zadesilo uprav na najnezgodnijem mjestu, kod ledane, gdje je čistina i čovjek nema kamo da se skloni...

Ernesto se držao kao da sluša — čak je pažljivo nabirao obrve na istaknutijim mjestima priče — ali oči su mu rasijano bježale desno i lijevo. Strpljivo je čekao da Lizeta završi, znajući da je uzaludan svaki pokušaj da je prekine, i da će priči staviti tačku jedino zamorenost. Zato je nastojao samo da ubrza i olakoti njen tok, spremno potvrđujući glavom i dajući znaka da potpuno razumije ženino izlaganje, kad bi zaprijetila opasnost da mu ona to pokuša podrobnije objasniti. Pošto je najzad završila, reče joj da treba da pokupe najnužnije stvari i da što prije otiđu negdje van grada („svejedno kuda, samo dalje odavde" — tako se tad govorilo), jer svakog časa može da nadođe novi napad. Glavno je u ovom momentu negdje skloniti glavu, za ovo kratko vrijeme, a kad se stvar, ovako ili onako, riješi, vratit će se svi svojim kućama. A čvrsto je vjerovao da to mora svakako svršiti vrlo brzo, pa puklo desno ili lijevo — bilo nekim savezničkim desantom, koji će ujedno značiti kraj rata, ili time što će se bombardman ponoviti, i tad neće ostati ni kamen na kamenu, pa će se vratiti makar i na zgarišta, ali mirni od daljih strahovanja. Da će se to, dakle, u najskorije vrijeme riješiti, o tome nije moglo biti sumnje, i to je svakome pouzdano govorio osjećaj.

Lizeta se lako dala nagovoriti, jer je za nju i muškarački strah imao isti onaj autoritet kao i svako muškaračko mišljenje ili sud. Ona prostre sto da nešto na brzu ruku pojedu, a Ernesto se, međutim, uzmuva po kući otvarajući ormare i ladice i stavljajući na hrpu ili trpajući u svoj ruksak ono što mu se činilo najprečim. Radio je to bez mnogo volje i interesa, i u odabiranju što da uzme sobom a što da ostavi u kući bio je široke ruke, i gledao da prtljag svede na najmanju mjeru, nešto zbog tog uvjerenja da će se i onako brzo vratiti, a nešto i zato što mu je, u razmjeru tih krupnih događaja i velikih potreba, oslabio osjećaj za sitnije stvari i popustio okus za lični interes. Tu širinu osjećao je gotovo kao neki dug zahvalnosti za čudesno spasenje (sad mu je to spasenje izgledalo doista čudesno), a odnekud i kao dug pijeteta prema nesrećnim žrtvama. (Pri tom bi mu pozadinom svijesti strugnula pomisao na one zatrpane.) Lizeta je, naprotiv, željela da ponesu sobom što je moguće više, i Ernesto je imao muke da to suzbije u donekle razumne granice.

Uprav su sjeli za sto, kad zaječi sirena, i mir otprhnu odjednom. Ali lažna uzbuna uskoro svrši. U hitnji spakuju ono što su bili odredili kao najpotrebnije i najvažnije u putni kovčeg i u dva-tri svežnja, natovare sve to na dječja kolica i na bicikl, i krenu. Ernesto je na jednoj ruci nosio dijete, drugom vodio bicikl; na leđima mu je visio ruksak. Lizeta je gurala pred sobom natrpana kolica; svaki čas opipavala je kutijicu s nakitom u torbici koja joj je visjela o ruci.

Na ulicama već je sve vrvjelo. Grupice bjegunaca-pješaka — porodice, komšiluci, slučajna društvanca — slijevali su se u riječinu; svak uprtio za jedan stepen više nego može da ponese; neki vukljaju madrace, jastuke, ćebad, bauljaju i nose se s njima, stenju pod njihovim nezgodnim teretom. Naročito žene, uporne kao mravi, neće da upuste svoj tovar pa makar svisnule pod njim. I sve se to kreće, sopće, žuri, kida se između nastojanja da što više ponese i sve jasnije sumnje da, tako opterećeni, neće lako odmicati ni daleko stići. A strah od novog bombardmana ubrzava im dah i paralizira snage. Dovoljno je, u toj nervozi, da tresne kakva stara kanta ili lane ma kakav glas — makar kako malo sličan onom kobnom zvuku — pa da se ljudi trznu i da im srce skoči u grlo. Svakih stotinjak koraka zastaju: uviđaju da teret premaša snage, da tako ipak neće moći; i tad nastaje pretovarivanje, prevezivanje; pregrupišu se svežnjevi i kutije sa hranom, premata se ćebad; djeci daju da nose laganije stvari, kotarice napunjene kojekakvim sitnarijama. Jedna žena, iznemogla, zastaje da odahne, a muž gubi strpljenje, lupa nogom o tle, s pogledom obraćenim prema nebu u nijemom zazivanju.

Projuri po koji automobil natrpan čeljadi i stvarima; na hladnjaku, na blatobranima, na krovu smješteni su svežnjevi, vreće, kutije; prekobrojni putnici stoje na nogostupu, provukli ruku kroz prozorče i obujmivši vratnicu drže se da ne spadnu. Na umornim licima čeljadi zavaljene u sjedišta može se zamijetiti odbljesak sreće što se jureći izbavljaju iz tog pakla; poneki daju licu iznureniji izraz, iz nekog stida pred poznanicima pješacima; a, u stvari, tu njihovu potajnu radost i taj grešni užitak od ugodne prepuštenosti vozilu još više pojačava prizor bjegunaca koji ostaju nepovratno za njima sporo gamižući i mučno tegleći svoje bijedne stvari.

Odjednom provrvi čitav roj bicikla; cilikom svojih zvonaca sjeckaju pažnju pješaka; zaokružuju ih u smionim krivuljama i time ih zbunjuju i postavljaju u stav korak naprijed — korak natrag. Na mjestu gdje s naherenog telegrafskog stupa visi žica smetajući prolasku, bicikli oprezno zaobilaze da se ne zapletu u nju, a automobili naglo usporavaju brzinu. Proleti teretnjak nabijen ljudima koji u zadnji čas čučnuše da ih žica ne zahvati, ali jednog ipak dohvati i umalo ne udavi; teretnjak zamiče, a onaj se pipa po vratu. „Čudno!" pomisli Ernesto, „toliko svijeta tuda prolazi, svakome je ta prokleta žica na smetnji, a niko da se sagne da je ukloni!" Ali se ne sagnu ni on, nego produži naprijed.

Prolazeći gradom zastaju kod teže postradalih predjela; zadivljuju ih grdno upropaštene ili čudesno nepovrijeđene građevine, odasjele i nagnute fasade koje kao da su se predomislile i zastale u padu, ili pošteđen luster koji mirno visi u prepolovljenoj sobi. I promičući mimo takvu fasadu ili mimo zid koji samotan strši u zraku, čini im se da je taj čas prolazne ravnoteže — sličan zastoju prije nego čovjek kihne — već odbrojan, i da će sad-nà začuti za svojim leđima strašni huk ruševina koje se stropoštavaju na njih. Koliko uzanost ceste dozvoljava, obilaze takva mjesta, u sasvim plitkom luku, potpuno nedovoljnom da ih u slučaju rušenja sačuva.

Kod ugla jedne četvorokatnice grupica čeljadi u skrušenom ćutanju promatra na zidu mrlju sličnu ljudskoj sjeni, i svojom neobičnom tišinom privlači daljnje znatiželjnike: neko objašnjava da je to zračni pritisak prilijepio uza zid prolaznika, i uvjerava da ta mrlja nije trag, otisak žrtve, nego žrtva sama, tako spoštena i svedena, užasnom silinom pritiska, na debljinu cigaretnog papirića. I mada to slušaocima izgleda nemoguće, opet nesvijesno nastoje da u to vjeruju, i podilazi ih jeza. Jedan pokušava džepnim nožićem da odlijepi djelić te mrlje. Pod utiskom te slike kreću dalje šuteći. Ali sad neko spomenu opasnost od neeksplodiranih bombi, i u gomilu uđe jedan novi, još neiskušani strah; svi se na mjestu suspregnuše: zakoračuju široko, podozrivo motre i preskaču svaku neravninu tla, svaku hrpicu zemlje.

Donerovi su upali u grupu s porodicom jednog trafikanta koju su poznavali iz viđenja; njima je bilo lakše jer im je dijete, nešto odraslije, hodalo samo. Naiđoše na ogromnu hrpu razvalina, koja je činila neprohodnom ulicu. Trafikant predloži da zaobiđu i udare uz more. To mu Lizeta kasnije nije mogla da zaboravi, jer su tu naišli na nov prizor: mala gomilica gledala je s obale kako mršav, slabunjav popić, nesumnjivo iz Italije (to se vidjelo po šeširu ravna oboda, s vrpčicama koje poput paučine spajaju glavu s obodom), stojeći u lađici, kao Karon, lovi po moru nekakvom kukom leševe žrtava iz pogođenog parobrodića koji je prevozio iz grada u predgrađe Brodaricu. Malo po strani, blijed i potpuno odsutan, stajao je geometar Škurinić. Donerovi saznadoše od posmatrača da mu je žena s nejakim djetetom poginula u parobrodiću. Lizeta mu je znala ženu, jer su se obe porodile u malom razmaku vremena, pa je kasnije upoređivala razvoj svoga djeteta s njenim. Tek sad kad ih upozoriše, spaziše podno nogu geometrovih mrtvo tijelo ženino pokriveno ponjavom; rekoše im da su je izvukli iz mora maločas, odrubljene glave, i da su je prepoznali po izvesnim inicijalima na džepiću bluze. Lizeta odvrnu glavu užasnuta. Sad je popić lovkao kukom krov djetinjih kolica koji se bjelasao na dnu. Malo dalje na obali bilo je poredano još nekoliko tjelesa izvučenih iz mora. Donerovi požališe što su se poveli za trafikantom i odvojili od glavnine. Odahnuše kad su izišli iz najužeg gradskog naselja. Sad su prolazili mimo krčme i trgovačka skladišta u predgrađu. Na raskršću stajalo je nekoliko derača i pretrglija janjećim kožama, u svojim somotnim odijelima i niskim čizmama, s rukama uvaljenim u džepove, iz kojih su virile flaše konjaka; ačili su se time što ostaju u gradu, gledali posprdno ublijedjele bjegunce i dovikivali im udarajući dlanovima po onim flašama: „Evo čime ćemo se tješiti mi koji ostajemo!" Bjeguncima su ulijevali grozu, kao ukopnici za vrijeme kuge.

Trafikantovo se dijete umorilo i stalo plačkunjati. Otac ga ponese na rukama, no poslije pedesetak koraka ponovno ga spusti na zemlju othuknuvši. Dijete je opet neko vrijeme gacalo, pa se snova raskmezilo; sad otkriju da mu je upao piljak u cipelu i da je to ono što mu smeta u hodu. Otac prevrnu očima, rastovari se, posadi dijete na kilometarski stup i stade da ga izuva. Ali baš u taj čas ponovo zatuli sirena: čovjek uprti dijete, pa nagne da bježi dalje, bez sape; o jednoj mu ruci visi ruksak, u drugoj nosi cipelicu; ruksak mu spuza s podlaktice na zapešće i sprečava ga u hodu; on ga s vremena na vrijeme podiže koljenom, potrkuje, spotiče se. U toj gužvi Donerovi ih nekako izgube, i ne zažale za njima, kao za ljudima koji donose nesreću.

Izmakoše naprijed i upadoše u novo društvo. Tu su se već znale potankosti o bombardmanu, o štetama i žrtvama, pričali su se pojedini zanimljivi slučajevi, čudesna spasenja. I svaka stvar je imala neki izvanredan, nevjerovatan vid. Ljudi su ta pričanja slasno slušali i svojim besprigovornim primanjem bodrili pričaoce na uveličavanje. Svima je godila, gotovo laskala, iznimnost i veličina događaja kojemu su bili svjedoci i umalo žrtve; između manjeg i većeg od nabačenih brojeva žrtava, svi su bili pristaše onog većeg; na odveć male brojke osvrtali su se naglo preko ramena, gotovo uvrijeđeni, kao da im neko hoće da zakine od njihove krvave zarade. Ernesto, kad najzad dođe do riječi, ispriča o onim pokopanima u podrumu, s nejasnim osjećajem da time nešto čini za njih (čini sve što može!), ali ujedno i da tim proširivanjem kruga obaviještenih („sukrivaca") dijelom odterećuje sebe, prenoseći odgovornost na skupnu, zajedničku savjest.

Putem sustignu šjor-Karla, svog starog znanca. Sve hodajući odmjerenim korakom, on je bio već dobro poodmakao; nosio je mali ručni kofer i preko ruke prebačen ogrtač — izgledao je kao da se uputio na parobrod; o ramenu mu je visjela putna flašica u kožnatoj futroli. Kad minuše groblje i izađoše na otvorenu cestu, u polja, osjetiše se slobodniji i sjedoše na ledinu da malo počinu. U gomili koja se valjala cestom, bez reda, kao kad se razilazi sprovod, ugledaju grupicu koja se teško kretala: Anitu s Linom i Morića s kćerju Marijanom. Upitaju jedni druge kud je ko naumio, i tad se pokaza da je većina pošla bez određena cilja, s jedinom željom da što prije budu van grada. Ernestu tek sada sine misao da ode u Smiljevce, k prijatelju Ićanu. Ispostavilo se da se Morić zaputio u Smiljevce, gdje je imao staru poslovnu vezu i prijatelje, Lakiće, kojima već godinama daje na vjeresiju galicu, sumpor i drugo što im treba, a oni mu o berbi vraćaju u mastu. Šjor Karlo izjavi da je njemu savršeno svejedno na koju će stranu — za čovjeka samca stvar je jednostavna: njemu ne treba nego kakva god prazna prostorija, a on će se već za sve drugo sam pobrinuti. Anita nije bila odlučila još ništa; nikad još nije vidjela sela niti je sa selom imala ikakvih veza; nagovore je da i one pođu s njima, „pa što Bog da". Donerovi rastovare svoj prtljag i rasporede ga s više reda, tako da je na kolica stao i šjor-Karlov koferčić i Anitina skromna vrećica. Muškarci uzmu na se ono što se dalo uprtiti na leđa. Malu Mafaldu nosili su naizmjence.

Tako su odmicali sređenije. I kad se ispeše na uzvisinu Ploča, pet-šest kilometara od Zadra, osvrnuše se na pogođeni grad, sad ne više s dahtanjem unezvjerena bjegunca, već sa smirenom prisebnošću posmatrača.

V

Gazili su, mučno i na prekide, puna četiri sata. Anita je podnosila napor bez riječi; zastajala je učesto ali vrlo kratko, i kretala dalje s novom odlučnošću. Pokatkad bi ih stigao koji zeleni kamion trgovca iz unutrašnjosti; stali bi uz rub ceste, gledali prema njemu s nijemom molbom u očima i u posljednji čas neodlučno dizali ruku. A kamion bi protutnjio nesmanjenom brzinom, zameo ih svojim repom prašine i ostavljao ih za sobom unižene i prepuštene vlastitim snagama. Morić, nešto vičniji kraju od ostalih, izračunavao je prevaljeni put i preostali dio; svaki novi kilometarski stup pozdravljali su već izdaleka. Kod Baturove kovačije ostave glavnu cestu i skrenu prema Smiljevcima.

U selo banuše u sam sumrak, bijeli od prašine i mrtvi umorni. Seljani su ih gledali u šutnji, raskolačenih očiju, kao ljude koji dolaze sa drugoga svijeta. Tutnjava i zemljotres iz grada od kojih su se tresle i njihove kuće sagrađene na litici izgledali su im kao smak svega živog; sad su žedno očima tražili na tim izbjeglicama tragove tolikog loma, ali su se morali da zadovolje Anitinim hromucanjem. Morići se oproste odmah na ulazu u selo i upute se ravno Lakićevim kućama. Ernesto pođe da potraži Ićana; žene su ga čekale pod jednim kostelićem sjedeći na klimavom kamenju suvozida. Činilo im se da se predugo zadržava. Najzad se Ernesto vrati s Ićanom i pozove ih u kuću; uredili su tako da će Anita i Lina prenoćiti tu noć s njima, a sutradan će se već pobrinuti Ićan da ih primi u kuću udovica Kalapać. Šjor Karlo je iste večeri zauzeo praznu sobu u „novoj školi" — jedinu koliko-toliko sačuvanu u toj zgradici, dovršenoj malo prije rata, kojoj su seljani odmah poslije sloma povadili prozore, vrata, ošite između prostorija i uopće svu drvenu građu iz nje, napola otkrili krov i već počeli nagrizati i krovne grede. Zgradica je imala balkon na buru i mali „forgarten" koji je trebao da je odijeli od otvorenog prostora i od divlje i neočešljane prirode; u njemu je bilo nekoliko mladih čempresa, nekakvih japanskih bagremova i zagubanih travinom zagušenih *yuccâ,* pored kojih su iždiknuli listovi domorodnog repuha.

Sutradan Donerovi smjeste Anitu i Linu kod udovice Kalapać, povade stvari iz svežnjeva i provedu dan u skrašavanju i sređivanju. Pokazalo se da su pozaboravljali mnoge najpotrebnije stvari. Tako, na primjer, Ernesto je držao da je Lizeta spremila u svoj svežanj zračeni kalcijum za dijete, a ona je bila uvjerena da ga je uzeo Ernesto u džep svog ruksaka; Lizeta je, doduše, dočuvala do Smiljevaca svoju kutijicu za nakit, ali je u njoj bio samo ružičasti pamuk, i tek tada se sjetila da je nakit iz nje bila pohranila u nekakvu malu kesicu i skrila na polici iza knjiga, kako bi joj bio pri ruci za slučaj bježanja.

Šjor Karlo je u svojoj samačkoj sobi nekako zakrpio rupe, izmeo je, i počeo u njoj kuhati, hranio se grizom na mlijeku, ugrušanim jajima i nekom jako zapaprenom mađarskom paštetom iz malih limenki, postizavajući tako jedan dosta pristojan prosjek dijetalnosti. Najteže se snalazila Anita: tražila je upute i obavještenja za svaku i najmanju stvar, i Lina je neprestano šetkala gore-dolje kao veza. Ali treći dan već im se svima činilo kao da su ko zna otkada tu, i kad naveče tog dana neočekivano banuše Golobovi, dočekaše ih s poklikom uveseljenja i sa širokom gestom domaćina. Ugledali su ih izdaleka gdje idu cestom, onako nejednaki i čudno složeni; Narcizo je posrtao, pjan od umora, sunca i zraka, velika šjora Tereza držala se ukočeno i samo strigla očima, a za njima su klipsali protegljasti Aldo i sitni, mišoliki Bepica, koji je zbog nekakve greške u nosu držao otvorena usta i blenuo začuđeno. Pomogoše im da nađu smještaja — na žalost na samom kraju sela, u kućama Pupavčevim — i prosto ih zasuše uputama, upozorenjima, savjetima. Obilje iskustava i doživljaja bilo je toliko da se nije moglo tako brzo saopćiti novonadošlima; za to je bilo potrebno bar dvostruko vremena nego što je trebalo da se ono steče. Dugo i dugo poslije toga ,,prva partija" izbjeglica zadržala je pred Golobovima tu prednost bolje obaviještenosti, postignutu time što su stigli u Smiljevce samo tri dana prije njih.

Tih prvih dana još je prevladavala kod izbjeglica nagonska radost zbog spasenja; to, kao i novota seoskih utisaka, priječili su im da spoznaju odjednom bijedu nove sredine i da se dublje zamisle nad svojim položajem. Selo je tek malo-pomalo iskrsavalo u svojoj goloj stvarnosti, pa su imali vremena da se na nj postepeno svikavaju i prilagođuju. A velika utjeha svakoj tegobi bilo je uvjerenje da je sve to samo za nekoliko dana. Vjerovali su da strahote koje su doživjeli i svojim očima vidjeli predstavljaju krajnji ili jedan od krajnjih stepenova zla koje se na svijetu može dogoditi; nešto više i gore od toga njihova mašta nije mogla da zamisli. Odatle je slijedila sigurnost da sve to u najkraće vrijeme mora da prestane, već i zato što se „više od ovoga ne bi moglo podnijeti".

Uposlenost oko smještanja potraja nekoliko dana. Trčkarali su jedni k drugima više puta na dan iz potrebe da odmah izmjenjaju svoje impresije i novostečena korisna saznanja ili da jedno od drugoga zatraži savjeta ili posudi kakav kućanski predmet. Lijepa i sunčana jesen oblakšala im je umnogome to prvo vrijeme izbjeglištva.

Doneri su se privikli da gaze po liticama strmog Ićanovog dvorišta i po mekom sloju utabanog ovčijeg đubra. Upoznali su se i donekle odomaćili s njegovim ukućanima, s materom mu, starom krezubom Vajkom kojoj je iz usta virio usamljen jedan donji sjekutić, sa ženom mu bezbojnom Marijom, sa malom Jekinom koja je već išla na pašu za blagom, i s malim Jovom koji je još puzao po avliji.

Tek poslije nekog vremena otkrili su da u blizini ima još jedan izbjeglički par: da se u gornjem selu, na dva do tri kilometra od njih, smjestio papirničar Vidošić sa ženom. Jedno popodne pošli su šetnjom do njih da im naprave iznenađenje. Ali su ih Vidošići primili s usiljenim osmijehom i s hladnom ljubeznošću; ispostavilo se da im je bilo poznato da u Smiljevcima imaju sugrađana. Izletnici se ne zadržaše predugo i vratiše se pokunjeni. Očito, Vidošići nisu imali mnogo smisla za zajednicu. Vjerovatno su bili dobro snabdjeveni novcem i zalihama, jer im je posao odlično išao, pa su smatrali da im takvo zajedništvo može da bude samo na štetu. Od tog dana ogovaranje Vidošićevih postade jedna od dnevnih zabavica smiljevačke kolonije.

Izbjeglice su pomalo tonuli u selo i upoznavali se s njim. Potvrđivala su se njihova ranija mišljenja o seljačkoj prljavosti, lukavosti i spremnosti na iskorištavanje tuđe bijede. Osim toga, pokazalo se da su seljaci u stvari jako ograničeni i da se uvijek i svemu cere kao crnci. Lina usklikne: „Eno kokoša viče — sigurno je učinila jaje!" — a oni se kese. Šjora Tereza opomene Bepicu: „Nemoj ići blizu krave, može te ujisti" — njima je i to smiješno! Ako se Aldo poveseli: „Jo, mama, u nedilju ćedu ubiti pivca!" — i u tome nalaze nešto neobično. I poslije toga čuju danima i danima kako seoska djeca, igrajući se oko đubrišta pod zidom, ponavljaju te riječi i krevelje se: „Kokoša viče", „ujist će te pivac" i tako dalje. — Smiju se drugima, a sami govore tako da ih nikako ne možeš razumjeti; sada kad su među sobom, u svome krugu, izražavaju se još nerazumljivije nego kad dođu u grad. I zaludu im postavljaš pitanja na način da im bude što lakše odgovoriti, zalud svaki upit formuliraš tako da nemaju nego da odgovore „da" ili „ne" — opet oni nađu načina da nekako iskliznu, opet udare nekud u stranu, iznađu mogućnost da odgovore nešto treće. Pitaš najjednostavnije: „Ima li mlika?" — a oni odgovore: „Posalo tele." Ti ponoviš pitanje, a oni opet: „Velju ti, Mićo zaboravio da odluči tele, pa posalo!" I sad opet ne znaš na čemu si, što sve to govorenje treba da znači, i na koju od dviju alternativa moraš da ga svedeš: „Ima mlika" ili „nema mlika".

VI

Kolonija poživje besposlenim malokrvnim životom svih izgnanika i emigranata, u beskonačnom sjećanju i pričanju, i u dokonom šetkanju. Ako je Ernesto imao da skine kolo biciklu i da zakrpi gumu, znalo se da tog jutra ne treba računati na nj za šetnju. Kad bi Morić naveče rekao prelazeći dlanom po obrazu: „Oho! sutra je dan brijanja!", svima je bilo jasno zašto se sutradan pojavio tek malo prije podne. A za šjor-Karla, potkresati nokte na nogama ili pisati bratu Kekinu, poštanskom činovniku negdje u „Alto Adige"[1], bio je dovoljan program za jedan dan.

Lizeta i Anita bile su nerazdvojne. Svakog su prijepodneva zajedno sjedile pred Ićanovom kućom, odakle je najširi pogled, krpajući čarape ili šijući štogod za Lizetinu malu Mafaldu, koja je tu pored njih gakala u kolicima. Otkad su ovdje na selu, zvali su je nadimkom koji joj je odmilja nadjenuo otac još u Zadru: Špižmica. Ime Mafalda ostavili su za bolja vremena — nije priličilo da takvo ime vuče svoje grimizne skute po seoskoj prašini. Pod njima se pružao u daljini Zadar, kao na dlanu. Ovako izdaleka, izgledao je gotovo netaknut: svi su zvonici još stajali nauzgor, tek tu i tamo u gradskim zidinama vidjela se pokoja crna rupa. Dvije žene razgovarale su o svojim brigama i o osnovama koje je rat poremetio. Mala Mafalda bi zakmečala; Lizeta bi joj dodala ispuštenu zvečku.

— I ova jadna sirotica, pogledaj samo kako je odjevena! Očekivala sam muškića — bila sam tako sigurna da će biti muško, da sam svu robicu pripremila plavu!... Srećom, rat je, sad se toliko na to ne pazi.

Pošutjele bi; misao bi se proširila i na sve druge ratne neprilike, na neizvjesnost u kojoj žive, pa bi uzdahnule:

— O, taj rat, taj rat!...

Anita je mislila na Linino zdravlje — naglo je izrasla i istanjila se u posljednje vrijeme — i nalazila je neke utjehe u tome što će boravak na čistom seoskom zraku djevojci koristiti. Po tihu vremenu čulo se od Zemunika, u dolini, ugodno tutkanje Šabanova mlina. Na drači kojom je bila načičkana Ićanova avlijska ograda u suvozidu bijelili su se Lizetini neveliki grudnjaci, i preko njih bi katkad pretrčala gušterica.

Ali ponekad bi tišinu sunčanog jutra narušio dalek zuj motora. Uskoro bi se pojavilo jato aviona; kolonija bi se brzo našla na okupu, dozivljući jedno drugo. Avioni bi na-

---

[1] Područje oko gornjeg toka rijeke Adiđe (Etsch), koje je pripalo Italiji poslije prvog svjetskog rata.

pravili velik zaokret, kao da će mimoići Zadar, pa bi se onda navratili nada nj, samo ga nadletjeli — i odletjeli natrag gubeći se u daljini. I svaki put stvorio bi se u izbjeglicama varav utisak kao da su samo povirili, ili možda snimili utvrđenja. „Hvala bogu!" — odahnuli bi s olakšanjem. Ali čas zatim stale bi nicati iz grada, jedna po jedna, velike crne trube dima, rasle, dizale se okomito uvis, širile se i razvijale, i penjale do pola neba. Začuđeni Zadrani pitali su se što je to i već pomišljali da se valjda radi o zakašnjelim zaštitnim oblacima — kad bi se neočekivano uzdrmala zemlja pod nogama a stravično mukanje i huk doprli bi do njih iz grada. „Bože, bože! ta ovo je konac svijeta!" — šaptale su usne same od sebe. Zatim bi se opet sve stišalo; nad Zadrom bi opet zavladao grobni muk, zujanje aviona već je nestalo, i uspostavljala se tišina bistrog novembarskog jutra. Samo su se trube dima, grdno porasle ali razrijeđene, polako rasplinjavale u plavoj visini neba. „Jadan svijet!" — uzdisali su Zadrani. Niz leđa, među lopaticama, prošarao bi im srk jeze — koja, ipak, nije bila bez primjese neke golicave ugode, kao kod čovjeka što zaklonjen pod strehom gleda pljusak kako lije. Zatekavši sami sebe u tom osjećanju, oćutili bi postiđenost, i gotovo krivicu, zbog svoje bezbijednosti, pa bi iz njih još toplije progovorila sućut. „Jadan svijet, jadan svijet!"

A seljaci, okupljeni u gomilu tu pored njih, popraćali su prizor svojim komentarima, uporeživali, po nekoj dalekoj i građanima nedokučivoj sličnosti, kruženja aviona s radnjama iz svoje ratarske djelatnosti, i dočekivali svako novo, sve dalje i apsurdnije uporeženje, sve življim odobravanjem i sve krupnijim smijehom.

— Hi! hi! hi! Ala tamo praše!
— 'Esu li opet poveli kolo, 'esu li?!
— Drž! Drž! Poreni, poreni!
— Ala vršaja!
— Hi! hi! hi!...

Pa, pomišljajući kako li su se tamo pod bombama provele njihove zanovijetne ženske mušterije s tržnice, kogod bi nadodao:

— Valaj su sad debele zadarske gospođe zadigle suknju, pa gacaju li — gacaju!
— Bogme će se oznojiti ispod pazuva!
— 'Oće, vjere mi!
— Hi! hi! hi!...

Odmah prvih dana muškarci pregnuše da idu u Zadar da obiđu napuštene domove, ali se ženske usprotiviše, bojeći se da ih tamo ne zadesi bombardman, te muškarci moradoše popustiti. No poslije nekog vremena, neprekidno jadikovanje žena za svakim pojedinim komadom kućanstva posebno, sve je više nagonilo ljude da nadvladaju žensko protivljenje (koje je i dalje ostajalo u načelu nesmanjeno), pa da se jednog dana otisnu. Ernesto zajaši svoj bicikl, šjor Karlo i Narcizo Golob uskočiše u kola koja je najmio Morić, i krenuše praćeni opomenama i preporukama žena. Pošli su s kesicama za aprovizaciju koja se dijelila u jednoj baraki podignutoj pod ogradnim zidom grobišta, i s namjerom da iščeprkaju i spase štogod iz svojih stanova, koje su možda provalili i opljačkali njemačka soldateska i narod iz okolice, ukoliko ih već bombe nisu razrušile. Nijemcima je pripadala prednost i izbor, i oko kuće na koju su oni stavili ruku drugi su obilazili zaokolišavajući sa strahopoštovanjem, bojeći se da ne budu strijeljani po vojnoj naredbi o pljački, koju su Nijemci primijenili u nekoliko slučajeva takve drzovitosti. Ono na što Nijemci nisu reflektirali ili gdje su već probrali, prelazilo je u dio pučanstvu iz okolice. Seljaci iz zaleđa, primitivniji i naivnije lakomi, odnosili su bez reda i plana, spopadajući ono što im je prvo podraškalo interes ili fantaziju i onoliko koliko su mogli da uprte ili natovare na svoja uska kola. Otočani, vičniji računu i smišljenom gospodarenju, dugo su obilazili, premišljali, kolebali, navraćali se po više puta na ranije pregledana mjesta, i najzad odlazili, pognuti i zaokupljeni brigom i odgovornošću izbora, bez traga vanjske veselosti. Sutradan su se vraćali lađom — valjda postoje savjetovanja s domaćicom — ravno pred zabrojanu kuću, iznosili stvari poslovno mrzovoljni, pazeći da se ne razbije ogledalo ili ne odvrne noga, mrko pogledajući radoznale prolaznike pogledom radina čovjeka koji prezire badavadžije, te tovarili na lađu s redom i pažnjom, iskorišćujući što bolje prostor, kao da sele. A ako bi putem otkrio na robi kakvu kvarnost, otočanin je prevrtao očima, smatrao se žrtvom i osjećao kao da je podmuklo prevaren.

Taj prvi put što su došle u Zadar, smiljevačke izbjeglice obišle su čitav grad i pregledale mu rane, susrele se s rijetkim poznanicima, i svi ostali potišteni i izgubljeni. Sad im se već nije činilo da je sve to stvar od nekoliko dana i bili su načistu da — kao što je za onim prvim slijedilo već nekoliko drugih, jednakih ili još težih razaranja — isto tako može da ih bude i još trideset ili pedeset, ili već bez broja, i da se ljudska patnja ne može da uzme kao granica i kao mjera stihiji koja tu patnju uzrokuje. Samo što se svaki novi napad lakše podnosio, jer je gutao manje ljudskih žrtava, zato što se pučanstvo razbježalo ili postalo opreznije, i pravio manje šteta, zato što su nove bombe dobrim dijelom samo preoravale stare razvaline i uništavale već uništeno, izbacujući tu i tamo na površinu iskrivljen gvozdeni krevet ili ljudsku lešinu koja je odležala dio vječnog sna pod mogilom ruševina.

Pa ipak, posred te porušenosti, ljude je veselila svaka izbavljena stvarca, i topao je bio ponovni sastanak sa svakim sitnim kućnim predmetom na koji su bili već zaboravili. Zato je Ernesto sa nesrazmjernom radošću pohranio u džepove pronađeni Lizetin nakit, šest srebrnih žličica i Špižmičinu srebrnu čašicu sa graviranim imenom — dar kuma sa krštenja.

Kao što mu je Lizeta više puta preporučila, pođe da joj posjeti tetku Đildu. No došavši na mjesto, ugleda i tu hrpu ruševina. Zastade časak pred pomisli kako će da taj glas ponese ženi. Ali kad je od susjeda saznao da je starica umrla od kljenuti srca za vrijeme pretposlednjeg zračnog napada a da joj je kuća razorena tek nakon toga, u novom napadu, bude mu odnekud lakše. Činilo mu se da će takvu vijest Lizeta lakše podnijeti.

Prilikom te prve posjete razorenom gradu ponijele su smiljevačke izbjeglice na samom izlasku iz varoši, kao poputbinu, jednu sliku koja se pamti: iza zatvorena prozora neke puste magaze verala se nemoćno po glačini stakla izgladnjela i užasno omršala mačka, iznemoglo mijaučući. Patnja je bila dala potresan, gotovo ljudski izraz njenim zjenicama, i čovjeku je bilo nelagodno ostati skrštenih ruku pred tim pogledom. Za Smiljevčane su se lijepili drugi prolaznici; pomalo se stvorila grupica, i svi skupa promatrali su prizor, zajednički tražeći načina kako da mačkici pomognu. Rješenje je bilo jednostavno: razbiti staklo — i životinjica je spasena. Ali ljudi su se bojali da bi se Nijemcima moglo svidjeti da to uzmu kao pokušaj provale, pa da čovjeka zahvate u broj onih koje treba egzemplarno strijeljati, po spomenutoj vojnoj naredbi, koja je s vremena na vrijeme trebalo da dođe do primjene. Rastadoše se bolna srca od mačkice koja je gledala za njima obeshrabreno, sa sve tišim mijaukanjem, i krenuše za Smiljevce manje osjećajući, poslije tog prizora, gubitke konstatirane na svojoj imovini.

VII

Zahvaljujući svom zabitnom položaju i tome što nije ležalo na glavnom drumu, selo je bilo nekako izdvojeno, ostavljeno po strani od događaja, i živjelo svojim bijednim ali relativno mirnim životom. Poslije sloma Italije i odlaska karabinjerske stanice, bilo je bez vlasti: Nijemci nisu imali ni interesa ni volje da drže posade po selendrama koje leže van njihovih saobraćajnih putova. Pučanstvo je bilo prilično proriješeno: gotovo sve što je mlađe otišlo je u šumu, kod kuće su ostali mahom stariji ljudi, djeca i bolešljivi ili nemoćni. Tu i tamo crnjele su se popaljene kuće ,,odmetnika"; njihove porodice — roditelji i nejaka braća — stjerane su u logore, pa ni poslije pada fašističke vlasti nisu puštene odjednom: stizale su pojedinačno i u razmacima, a mnoge od njih sklonile su se u zbjeg, ne mareći da se vrate na opustjela ognjišta. Taj puluoslobođeni pusti teritorij pred vratima Zadra bio je, dakle, partizanima uvijek otvoren, ali tu ih nije dovodio nikakav zadatak; tek ponekad pojavio bi se kakav terenac ili kurir na prolasku. Osim kamiona koji bi, po kakvom sumnjivom poslu, tuda katkad projurili ne zaustavljajući se, cesta je uglavnom bila mrtva, kao presušeno korito potoka. S vremena na vrijeme ona bi dovela u selo ženu sa zadarskih ostrva, u crnoj nošnji i platnenim papučama, koja je gonila pred sobom magarčića sa tovarom soli i stare odjeće upljačkane po napuštenim zadarskim kućama, i to pazarila u zamjenu za kukuruz. Ili bi u rastegnutoj tišini nedjeljnog jutra zadrndala cestom kola: to se župnik iz Privlake vozi u Paljuh, u svojoj dvokolici boje plavila za rublje, da očita misu. Truska se starkelja u dvokolici pod sivim suncobranom i sa crnim slamnatim šeširom na glavi kojem se od sunca ljeskaju ljuske kao da je nakatraniran. Prolazi taktično i suzdržano, kao što se već prolazi kroz selo druge vjere; pod jako ispupčenim staklom naočara, jedno mu oko izgleda dvostruko veće od drugoga, kao volujsko; podsjeća na oko Gospodnje koje viri kroz trokut svetog trojstva, i ulijeva strah Božji deriščadi što se igra goluždrava u prašini u jarku.

Od građanske, ili polugrađanske ruke, u selu je živjela porodica finansijskog preglednika Rudana i stara popadija Darinka, udovica pokojnog pop-Mihajla Radojlovića. Rudana je slom države zatekao sa službom na zadarskoj granici, pa je sračunao da je sve u svemu najbolje da ostane u kraju gdje se našao, dok rat ne protutnji. Hodao je po selu u izlinjalim zelenim finanačkim hlačama i u civilnom „baretunu"[1], koji briše svaku društvenu pripadnost i svako službeno svojstvo. Tavorili su s onim što mu je žena izbijala iz taktičnog postupanja sa seljačkim ženama i od njihove ćudljive darežljivosti, šijući za udavače i kuhajući na seoskim pirovima i slavama, a djeca su rasla bosonoga, kosmata, preplašenih očiju i imućnijem poslušna. Stara popadija, samoživa čudakinja, živjela je sama samcata u prostranoj bijelo okrečenoj kućerini sa munjovodom na krovu, nekadašnjoj parohijskoj kući sa velikom prostorijom u prizemlju u kojoj je bila škola, dok se nije preselila u novu državnu zgradu — u onu gdje se smjestio šjor Karlo — čime je izgu-

---

[1] Kačket.

bila najam koji je dotle primala i od kojeg se uglavnom i izdržavala. Ta prizemna prostorija u popadijinoj kući tokom rata je upotrebljavana za prenoćište vojskama na prolasku i bila je puna prognjile slame i praznih limenki; zidovi joj pocrnjeli od vatre koja se ložila na podu i išarani gnusnim slikarijama i talijanskim patriotskim parolama. Kamene stepenice bile su razlomljene, jer su na njima vojnici cijepali drva, a u mračnom i uskom budžaku pod stepeništem nekad je groktalo prase, već davno nestalo, i za njim je ostao nakiseo miris svinjskog đubreta i zamusan zid do visine do koje su dohvatale praseća gubica i čovečje ruke.

Starica je poudavala svojih pet-šest kćeri za popove i učitelje, jednu, štaviše, za žandarmerijskog kapetana — fotografija mladenaca još i sad visi gore u sobi — a ona je ostala da živi u praznoj kući, koljući se i natežući s težacima oko mršavog dohotka sa njenih dviju podvornica, i trudeći se iz petnih žila da im utrapi dotrajale i polupane stvari iz svog raskućenog doma i sa tavana. Za burnih zimskih noći u pustoj kućerini kostoboljno su se protezale stare daske u patosu, i pokatkad su sa grdnim štropotom otpadale krpe debelog maltera s plafona; nastajao bi mrtvi tajac u kojem osupnuta tišina kao da napeto sluti neće li se odroniti i dalji komad žbuke; zatim, ohrabrena dugom tišinom koja već prelazi u polusan, opet se protegne i zaškripi daska u patosu. Ali popadija se ne boji; ona kutri u krevetu, budna, jer je u starosti kratak i krhak san, i mrka kao vuk koji je progutao baku i legao na njeno mjesto.

U jednoj od dviju prostorija na katu, velikoj sobetini sa protrulim kapcima vezanim konopcem da ih ne odnesu zamasi bure, bila je nasred sobe hrpica žita, velik crvotočan putni sanduk pun stare vune iz raspadnutih dušeka u kojoj su se kotili miševi, i prostran klimav sto s opekom podmetnutom pod jednu nogu koja je bila kraća od ostalih triju. U drugoj sobi, u kojoj je živjela popadija, bila su svega tri-četiri komada pokućstva — njena postelja, sto s nekoliko stolica, kredenac za čija su stakla bile zataknute nekolike stare razglednice s čestitkama i u kojoj je stajala čaša sa trobojnicom i guslama i s natpisom: „*Gusle gude da narod probu-*

de". O zidu, pored fotografije kapetanskih mladenaca, visjela je ikona sv. Đurđa, krsne slave njenog oca, trgovca Tane Samardžije, koju je donijela iz svoje ugasle kuće. Na slici je stajao zapis: *„Tanasije i Angelina Samardžija dadoše praviti, za svoju i svojih dušu, 1856. Amin."* Sliku je pravio neki putujući slikar Štajerac, po uzoru na kakvu stariju ikonu, ali je Štajerčev duh probijao kroz sve pojedinosti slike. Vitez na propetom gojaznom zelenku ustremio se na tromu aždaju koja je izgledala skrojena od dotrajalih kofera od krokodilje kože i nabijena slamom ili komušom, plitka i ugnjetena kao gimnastička strunjača. Sličila je matorom krokodilu iz zoološke bašte, koji, pritisnut brigama brojne familije, da bi nešto zaradio na drugoj strani, u slobodna popodneva izigrava zmaja po šatrama na sajmovima ili pozira slikarima za aždaje na svetim slikama. Vitez se, dakle ustremio na aždaju, dok djevica u bjelini, sa stidljivim ovalnim dekolteom koji joj obnažuje ramena a krije grudi, bježi užasnuta po sagu prostrtom preko bidermajer-tratinice, krcate sitnim poljskim cvjetićima, prema kapidžiku svoga dvora. Uletjet će bez sape u svoje odaje, strgnuti s glave i hitnuti u kut bijeli vjenčić i srušiti se zadihana u naslonjač, dok će joj dvorkinje razvezivati duge pantljike u struku i prinositi ustima čašu zašećerene vode; a ona će jedva uspijevati da dođe do riječi i, između dva zagrcnuta gutljaja, dahtati će: „To je bilo neopisivo, prosto ne-o-pisivo!"...

Stara je popadija imala i jednog sina, Milutina, nekad lijepa, vitka mladića s dugom crnom kosom i lepršavom kravatom à la Branko, ali je baš nekako pred maturu poludio, i već godinama živi u ludnici. Dva-tri puta za to dugo vrijeme dolazio je kući — izgledao je koliko-toliko izliječen. Švrljao je po selu u nekakvim sandalama, omršao, pocrnio, izgubljenih očiju. U mirnije dane pravio je seoskoj djeci vodeničke točkiće, koji su se okretali u mlazu vode na izvoru. Onda bi mu se stanje opet pogoršalo te su ga morali ponovno odvoditi u ludnicu.

Seljanke su odvajale za staru popadiju šačicu graha, rešeto krompira, izlišile bi joj zdjelu mlijeka. Kad bi joj kakav dotle nepoznat dječačić donio mlijeko ili u marami pre-

gršt žutjenice, uzela bi ga pod ispit i prozrijevanje. Uporno ga je gledala preko naočara, pa bi ga zapitala:
— A bi li ti što ukrao, a? Bi li ukrao?
Mališanu je pogled bježao u stranu; prezao je kao ulovljena lisica, zbunjeno se smijuljio, a obraščići su mu rudili.
— Bi li ukrao, reci!... — pritiskala je popadija kao da ga nuka. A dijete, pod tim navaljivanjem koje svojim uporstvom sliči na nagovor i sokoljenje, kao kad ga o Božiću strina nudi orasima i suvim smokvama, gotovo da bi priznalo.

Pomalo su Zadrani počeli upoznavati i ljude seljačke ruke. Prvoga su upoznali staroga Glišu Biovicu, koji im je katkad, iz usluge, idući kakvim poslom u krčmu ili u kovača, uz put donosio od udovice s kraja sela bocu mlijeka za Špižmicu, ako su udovičina djeca bila čime zapriječena. Jer Ićanova Marija nikako nije htjela pristati da im stalno daje mlijeko, valjda što se bojala da bi im se račun mogao pobrkati s računima za stan i ostalo. „Ja ću vam rado dati kad god budem mogla" — izgovarala se ona — „ali obvezati se sigurno ne mogu — a vama 'fala."

Glišo je bio umiljat starčić, omalen, vedra lica — pravi kralj patuljaka. Malko je šušljetao i meko izgovarao č i š. Zbog toga su ga u selu zvali Glićom.

To šušljetanje bilo je u stvari sreća i zalog spokojstva njegova života. Ono je oduzimalo svaku težinu njegovim riječima i navodilo ljude, i onda kad su zlovoljni i mrgodni, na nešto vedrije raspoloženje; ono je davalo Glićinim izjavama neki ljudski, pomirljiv ton i u ljudima stvaralo uvjerenje da se s njime u svakom natezanju ili cjenkanju može izići nakraj i doći na srednju liniju, na nešto razumno i za obe strane prihvatljivo. Zato su mu seljani — i pored toga što su na njegove sudove odmahivali rukom govoreći: „a što zna on!" i nazivali ga „onaj benasti Glićo" — u ophođenju s njim iskazivali poštovanje koje ide uz starijeg čovjeka. Glićo je doista selu služio na dobro i bio mu gotovo neophodan. Jer ugodno je to osjećanje da u selu ima bar neko pored koga možeš mirno spavati, siguran da ti neće nikad učiniti neku veliku pakost ili krvno djelo. Ma ko od seljana, upitan kakav je Glićo, zacijelo bi kazao da je dobar čovjek — i to možda za njega jedinog u selu. „On nikom živom ne smeta" — govorilo se o njemu. Zato je i Glićo mogao biti siguran da ni njega niko ne mrzi. Pa čak ako, recimo, napadnu hajduci, ako mu i otjeraju stoku, odnesu slaninu i suvo meso, dignu pare i odjeću iz škrinje — znalo se da ga neće nikad, osim ako su baš dokraja odljudi, na mrtvo ime isprebijati, ili svući i ostaviti gola golcata na mrzavici, ili mu iščupati brk, ili ga nagnati da golim turom sjeda na užaren tronožac, kao što je Todor Medić nagonio onu babu u Medviđoj pod Velebitom. (A da su mu baš tako nešto i učinili, svak bi u selu bio rekao: „E, brate, to nije bio red činiti!") Najviše ako bi s njega skinuli obuću, pa i to će mu naložiti onako prijateljski, kao šaleći se: „Ajde, stari, skidaj cipele." Neće mu, dakle, ni hajduci neko veliko zlo napraviti — van ako su to, kao što rekosmo, baš neke aramije, ili kakvi vanjski ljudi, iz desetog sela, koji ga ne znaju i nisu nikad čuli za nj, ili kakvi klapci — nešto mlado i ludo što se pravo i ne može nazvati hajdukom, već balavadijom i zelenim smrdljivcem.

I Zadrani su rado sretali Gliću. Šjor Karlo je volio da se s njim razgovara i davao mu po šačicu duhana za lulu. Katkad im je mjesto Gliće donosio mlijeko njegov sinovac Mirko Biovica, visok mlađi čovjek sasvim svijetlih očiju i nevjestinski rumene, sramežljive puti. Zadrani ga prozvaše „plavim", *el Biondo,* i drukčije ga nisu među sobom nazivali. Zaključiše da su Biovice soj dobrih ljudi, a to im je potvrdilo i selo govoreći da je Mirkov ćaća a Glićin brat, pokojni Špiro Biovica, bio još bolji i od Gliće i od Mirka.

Od viđenijih seljaka, upoznali su Milenka Katića. Bio je to uvijek čisto i uredno odjeven čovjek, s bradom nikad starijom od tri dana, odmjeren i skladan u govoru. On mi je najviše sličio na onog crnpurastog Morlaka svilena brka i bisernih zubi, u skrletnom koporanu s ogromnim srebrnim tokama i s dugom kićankom na nekakvom narančastom fesu, koji je obgrlio džinovsku bocu likera *Sangue morlacco* na reklamnom ogledalu u kavani *Al porto.* Govorio je umiljatim glasom i imao slatke oči, kao umivene pljuvačkom. Milenko je osvojio najveće simpatije šjor-Karla i ostalih Zadrana. Izgledao je vrijedan i razuman domaćin. Kod njega se jedinog u selu moglo naći hrena, peršuna, selena. Jednom kad je šjor Karlo na šetnji svrnuo k njemu, častio ga je rakijom i trezveno s njim razgovarao. Šjor Karlo se vratio oduševljen, noseći u ruci za leđima svežnjić jesenje mrkve za Špižmicu, pa kad je susreo svoje društvo, šaljivo-galantnom kretnjom pružio je obradovanoj Lizeti s riječima: „Dozvolite, milostiva gospođo, da vam prezentiram ovaj buket."

Eto ta tri čovjeka, Glićo, Mirko i Milenko, bila su za Zadrane, pored Ićana, jedine časne iznimke u općoj divljini i zaostalosti sela.

VIII

Žalosni život sela koji su pomalo upoznavali pobuđivao je u građanima tugaljivo raspoloženje i polako otupljivao neprijateljstvo koje su ranije prema njemu osjećali. Ono se postepeno pretvaralo u neku vajnu, razmekšanu odvratnost, gotovo sličnu žaljenju i samilosti. I, čudno, taj novi, mekši osjećaj, to novo odnošenje prema seljaku, ispoljavalo se u istoj riječi kojom se ranije izražavalo neprijateljsko raspoloženje: „*Bestie!*" — Životinje! Samo što ta riječ sad nije više bivala izgovarana sa žestinom, zategnutih čeljusnih mišića, nego razvučenih usana od lijene i umorne rezignacije. Šjor Karlo je, istini na čast, još i pokušavao da im kojekako pomogne; bio je spreman da im iz svoje, džepne apoteke u svako doba dijeli tablete burova, aspirine, grumečke hipermangana, ali je sve to udaralo o tupu i nepopravljivu seljačku odbojnost prema svakoj civilizaciji, i šjor-Karlu su klonule ruke. Neprestano mu se nametalo jedno za njih porazno upoređenje. On se, naime, prije tri ili četiri godine, napokon, bio odvažio da posjeti brata Kekina, poštara u provinciji Alto Adiđe, te proveo kod njega nekoliko sedmica. Neslućeno je bilo bogatstvo novih saznanja koja je donio s tog prvog putovanja u svome životu; u njihovom svjetlu svaka se stvar i svako pitanje pojavljivalo u sasvim novom, razboritijem, osmišljenijem, uljuđenijem vidu. Od tog svog putovanja u Alto Adiđe šjor Karlo kao da je ponio oko čela nevidljivu ahmediju; vratio se proširenih vidika i produbljenih shvatanja. I otada nije bilo dana kad šjor Karlo, i po više puta, ne bi pomislio na Alto Adiđe; svakog časa mnogo ga je toga na nj podsjećalo, bilo svojom sličnošću, bilo oštrom razlikom. Često se u razgovoru navraćao na te tirolske uspomene, s malim uzdahom, kao što se starkelje sjećaju vremena đakovanja. I, gledajući smiljevački jad i zaostalost, nametalo mu se poređenje i otimao uzdah: ,,Kakve li razlike! Da vam je vidjeti kako je tamo: na ljudima čisto, snježno bijelo rublje, uredne kućice — mogao bi čovjek jesti s poda, štono se kaže — suđe kao ogledalo" itd. itd.

U Ićanovoj kući bilo je sasvim drugačije. Strma avlija s liticama koje proviruju iz plitke zemlje, nasred nje *murvać* opora lista s kojeg visi i u vjetru suho lupeta o deblo ovnujska koža, pod murvaćem hrpa kamenja — ,,gromila" — poškropljena krvlju klanica, a na njoj naslonjena stara tava s umiješenim mekinjama za tučiće. U uglu đubrište i jara za ovce, po avliji puze mali Jovo, koji gotovo svake sedmice zamire od gujana, a pas ,,kucin" igrajući se raznosi po njoj nožice proljetošnjih janjaca i ovnujske rožine. Čađava kuhinja s ognjištem — ,,vatrena kuća" — u kojoj visi velika drvena solnjača, peka, lopar i prorešetano dno petrolejske kante kroz koje je prodjeveno nekoliko drvenih žlica, uz nju stojna kuća prizemnica, podijeljena drvenim ošitom na dvije polovine, od kojih su u onoj uređenijoj, zvanoj ,,kamara", a u koju ne ulaze životinje, smješteni Donerovi.

Srećom, Ićan nije bio baš neugodan domaćin. Žut, tanak, slabašan, ispršen kao da ima prednju grbu, s mukom se saginjao, i zbog toga nije nikako kopao. Uopće nije bio ni za kakav teži rad; prebolio je dvije upale porebrice, i kad god je trebalo podići kakav teret ili napraviti kakav veći napor, on bi samo upro palcem desne ruke straga među rebra i izgovorio: ,,Plavorita!" (pleuritis), i to ga je odmah oslobađalo od svake teže rabote. Ali je zato bio umješan za sve one sitne poluzanatlijske potrebe za kojima uvijek vapije selo. „Ima zlatne ruke" — govorili su njegovi suseljani. Umio je popravljati konjske orme, plesti užeta, pretresti krov, izmijeniti bačvi dugu, okrpiti obuću; umio je i zidati, a do potrebe i sklepati sanduk za žito, i ljesu, i prozorski kapak, pa i mrtvački sanduk. A govorio je da bi još koješta drugo umio, kad bi samo imao alata. Priznavao je da se jedino u kovačiju ne razumije; ali opet, umio je dobro zakrpiti probijen lavor, lonac, karbidsku lampu, samo ako mu se pribavi kiseline. Nezamjenjiv je bio kao pomagač kod poslova koje vrše gradski ljudi na selu, razne komisije i ekipe, a takav je posao i najvolio: premještati geometru njegove bijelocrvene motke, pomagati komisiji koja vrši cijepljenje, čučati kod šofera koji pumpa gumu — to je bio posao za njega. Od radova oko zemlje naročito mu je išla od ruke sadnja duhana, te uopće svaki rasad. Jako je volio rotkvice; želudac mu nije podnosio premasno jelo i loj. Ljudi u selu nisu govorili o njemu s onim upadnim uvaženjem s kojim se govorilo o težim gazdama i uvijek mrkim ljudima; ali kad bi Ićan sklepao okvir za saće ili pozamašnu solnjaču, pa nakrivio glavu i zadovoljno promatrao trapezoidno djelo svojih ruku, seljani koji su uokolo stajali nisu mogli a da mu ne odadu priznanje: „Zna Ićan, samo kad hoće!" Rijetko je tukao djecu, a ženu Mariju valjda nikad, ipak, i ona i stara Vajka iskazivale su mu poštovanje, naročito kad je bio ljut ili pripit, i uvijek su pazile da mu ugode u hrani, jer je bio malog apetita, ali izbirljiv.

Grupica oko Ićanove kuće — Donerovi, šjor Karlo, Anita i Lina — smatrala se sretnom što je potrefila na tako dobra čovjeka.

IX

Ali glavna ličnost u Ićanovom kućanstvu bio je — Migud.

Prase obično nema ličnog imena. I dobro je što je tako. Jer ime uspostavlja izvjesnu bliskost između životinje i čovjeka; po njemu se ona izdiže iz bezimenog životinjskog bića, stremi k izjednačenju s čovjekom, dobiva svoje posebno lice, svoju ličnu istoriju; poznamo joj sklonosti, i narav, i navike, pamtimo joj doživljaje; postaje nam društvo, s njom nas vežu zajedno proživljeni časovi — ukratko, postaje osoba; doduše, još ništa, beslovesna osoba — ali osoba!

Dobro je što prase nema imena! Jer se prasetu, kao i svakoj drugoj životinji, čovjek lako priljubi; ono je uredno, ono je pametno, i — što nas najviše k njemu približava — u dnu njegove zjenice tinja iskra prave, ljudske tuge.

Svi znamo očajni vrisak djeteta kad dozna da je batak koji gricka batak njegove drage, prijateljske kokice Pirke; znamo kako se grčevito tada stisne grlo te više nikako ne može da guta.

A slično je i s odraslima. Jer ako nam se, dok slasno jedemo hladetinu, najednom iz ljigave mase promoli ona čisto ljudska trepavica i ispod nje virne u nas, s hladnim prekorom, ono mrtvo, već bestrasno oko, kao da kaže: ,,Eh, ljudi to li vi, dakle, učiniste od mene!" — zaludu, to je kadro da obeshrabri, to je kadro da olabavi viljušku u ruci.

Da, dobro je da je prase bezimeno.

Ali eto, Ićanovo je prase imalo svoje ime.

Nije to, stvarno, bilo prase, nego krmak, i to kakav krmak! Ogroman, silne pojave; kad bi stao nasred dvorišta i podigao glavu gledajući pažljivo preko avlijskog zida negdje na zapad odakle je dopirala nejasna tutnjava (valjda se tamo na moru bije bitka, ili to Nijemci, koji vječito nešto miniraju, pale lagume na zemuničkom aerodromu), a mesnate mu uši bogato pale na oči — izgledao je ne pojedinačni, živ krmak, nego sam spomenik svinjskom rodu.

A Ićan ga dobro pamti u svim fazama, od prvog dana kad je ušao u njegovu kuću. Kupio ga je na sajmu u Benkovcu — bilo je to sitno, šugavo kezme da su se svi čudili što li to on uzimlje. ,,Neka oni samo govore!", mislio je Ićan. Omjerao je kezme sa svih strana, vagao ga na rukama, pipao ga pod grudima.

Skupila se nasred ceste guka svijeta i zakrčila prolaz; nalegli seljaci, natiskuju se sve nove i nove pridošlice, čiju upornost i radoznalost raspaljuje baš to što ne vide ništa od onog što se tu u središtu događa; misle da su sumanutog spopale pjene pa pravi od sebe čudo ili da neko pokazuje janje sa dvije glave — a kad tamo, to na cesti kleči čovjek, sasvim običan, kao i drugi (i ne baš naočit), a pred njim nekakvo šugavo prasence. Sad ih draška baš običnost tog svakidašnjeg i nimalo čudnog prizora, pa se pitaju što li su se na to ljudi skupili. A opet misle da u tom mora da bude nešto neobično, kad se skupio toliki narod, samo što oni to nešto još ne uočavaju ili ne shvataju. A, međutim, rasklimani zeleni auto kojim mesari dolaze na sajam stao i od gužve ne može da prođe, pa srdit šofer razdraženo sviri i sviri. Ali oni se na to i ne obaziru; svaki misli: ne sviri baš meni i neće baš mene da pregazi!; osjećaju se zaštićeni tako u gomili i pojedinac se krije za skupnošću naroda. A neka šofer samo psuje boga (ne psuje ga meni!) i neka bjesni, crveni i beči oči koliko god hoće, pa će mu i dodijati!

Kleči tako Ićan nasred ceste i omjera prase, polaže mu dlan među oči.

— Široka 'e čela — računa u sebi. A to je posiguran znak da ima da se razvija u širinu i da ponese dosta slanine. — Kad se malko uhrani, bit će to prase mimo prasad, mogao bi lako da stavi na se i do sto osamdeset, i do dvjesta kila, pa da vidiš tada, bracko moj, kako će on izgledati!

Zadovoljan svojim pazarom, Ićan se napio u krčmi. Potjerao bijesno svoju zapregu — dva nejednaka konjčeta (onog većeg posudio je od komšije); izmahuje kandžijom iznad glave i pocikuje, kao da goni na pir. Onom manjem spao čeonik koso preko čela, draška mu i zaklapa jedno oko te ni ono drugo ne može da drži otvoreno, već basrlja naslijepo trzajući glavom, i, onako kosmat i trbušast od slame i travine, prelazi u skakutavi, šepesavi galop da uhvati korak svom neparu. Ali uskoro prošla je zapregu razigranost i oblio znoj, a Ićanu smalaksale snage, te zapao u drijemež. Već je i noć počela padati. Vozi se Ićan između njiva, pod zvijezdama; zagrnuo se crnim suknenim haljkom preko glave, klati se pijano na sjedištu i bugari nekakav napjev bez kraja i konca koji se nejasno izvija kroz grubo sukno haljka, a za njim cijuče kolo oko izlizane osovine i ocrtava

u prašini zmijast trag. Drndaju kola i uljuljkuju Ićana u san. Onda se najednom sjeti kezmeta i trzne se: što li je umuklo? Popipne ga kroz vreću, uvjeri se da je živo i toplo, pročeše ga po leđima, našto se ono oglasi slabim ciktanjem. A Ićan mu tepa razboljenom nježnošću:
— A što si se ućutao siću ti vag odnio! Što li si mi se sneveselio, prasešce mo'e dago!...
Pa onda opet umiren i zadovoljan, nastavi svoje bugarenje.

Stigao je kući mrk i mučljiv, kako već stiže kući svaki pravi domaćin; nije imao volje ni za jelo ni za razgovor, samo je opet nagnuo dva-tri puta iz bukare. Pobrinuo se jedino za prasence, prostro mu naramak slame, nasuo preda nj hrpicu kukuruza — sve onako teturajući i mrmljajući nešto sam sa sobom — ostale brige prepustio je ženskima, pa se zavalio u veliki krevet. Maglila mu se glava i vrtjela svijest. Nad njim se kolebiju čađave grede i kroz sitnu pukotinu na krovu vidi kako se na nebu blista jedna mala zvijezda. Ugodno je bilo Ićanu vidjeti tako, pred spavanje, krpicu nebeske modrine sa pokojom krotkom zvijezdom; kroz taj otvor, kroz tu malu rupicu, ispredalo se, za pogledom, i osjećanje, izbavljajući se iz te uzane i zatvorene prostorije vani, na otvoreno, i spajajući se sa slobodnim prostorom napolju. Zato nikada kad je pretrésao krov ne htjede da zakrpi tu prijateljsku rupicu nad krevetom, taj mali odušak, već je uvijek poštedi. A kad bi ga drugi na nju upozorili, misleći da je zaboravio ili previdio, on bi samo odmahnuo nemarno: „Neka je, neka živi i ona!" — Zavalio se, dakle, Ićan, i u mamurluku koji se već pretače u san pomišlja na dobar posao što je napravio, na baš lijepo i sputno prasešce na koje se namjerio, i od tog sitnog zadovoljstva, i od te mamurne obnemoglosti, i od tog poljuljkivanja kao na ljuljašci, oko srca mu biva nekako toplo i prijatno — i ravno mu je sve do Kosova! Sve više ga je zahvatalo vino, i njime je ovladalo staro i dobro poznato osjećanje, neki neodređeni optimizam, neka lijena dobrobit, koji ga uvijek obuzimlju kad se napije, a radi kojih se valjda i napija. U takovom stanju, zlu otupljuju oštrine i izlizuju se bridovi, i mada i tad Ićan zna da u životu biva svakako, i da se čovjek zlopati i kinji, i spotiče i desno i lijevo, i posrće, i poklecuje — opet mu se pričinja da će sve to skupa ipak na kraju „izaći na dobro" — nekakvo traljavo i ćoravo, lijeno i bezvoljno „dobro" koje je jedino u takvim časovima mutno nazrijevao, nekakvo „dobro" koje svjetlomrca jedino u vinom zamućenoj pameti, nekakvo „dobro" koje je brat zaboravu i koje se postizava tek na pragu besvijesti. Ej, vino, vino! — svejedno da li bistro ili mutno, nakiselo ili vedašljivo — majčinski dobro vino u kojem se gase sve pobune i sve želje, u kojem se mutno utapaju sve misli i sve tuge, kojem se pribjegava i u veselju i u žalosti, kojim se popraćaju i rođenja i pogrebi, i u koje, najzad, tonu redom oni svi odsjeci svakidašnjice — dani našeg života.

Ićan je već hrkao. Stara Vajka šapatom zazva snahu:
— Marija! Pokrij ga, ozepsti će!

U takvim prigodama, koračale su tiho oko njega, mazeći ga kao bolesno dijete.

Otada je Migud zacarstvovao u Ićanovoj kući i kao da je postao njen stožer. I kad bi se Ićan vratio kasno s puta, pijan ili ljutit, ili premoren i prokisao, te odmah legao bez večere i ne pitajući svoje ni za zdravlje ni za kućne poslove, još je uvijek imao jednu misao za nj pa bi upitao već sklapajući oči:
— A jeste li namirili Miguda?
— Jesmo, jesmo, ne brini! — umirivale su ga ženske.
Tek tada bi spokojno usnio.

Znala se njegova slabost za Miguda. Čak i stara popadija, kad bi došla s rešetom da iskamči šačicu-dvije jarog graha za varu (koju će podgrijavati i gutati četiri dana), znala je s koje mu je strane najlakše prići, pa bi ga uvijek zapitala:
— O, Ićane, kako Migud?

A Ićan je odgovarao dobroćudno, s jedva primjetnim osmijehom u uglu usana zbog načina kako je stara — ko bi znao zašto — naglašavala to ime, te je ujedno obazrivo ispravljao u odgovoru:

Dobro Migud, dobro, lako je njemu!

Ali nastupio je jednom čas kad je izgledalo da su sav trud i nastojanja oko Miguda bili utaman i da će sve to otići bestraga: kad su ga ujalovili (a ujalovio ga je Risto Milić, jalovač na glasu, peto koljeno toga zanata u njegovoj porodici), Migudu se rana pozlijedi, i već je izgledalo da mu nema spasa. Dva dana lunjao je Ićan zabrinut, pokušavao svašta, dizao obeshrabreno ruke od svega, pa opet iznova pokušavao moguće i nemoguće. Svak ko bi ga susreo, iskazivao mu je saosjećanje pitajući ga za Migudovo zdravlje. I stara popadija, kad joj je Ićan prošao mimo kuću, upita ga s prozora, ovaj put bez primisli na jari grah, već čisto onako iz čovječnosti:

— O, Ićane, kako je Migudu?

Ali Ićan se tog puta i ne osmjehnu, već odgovori gotovo s jecajem u glasu:

— Bome slabo, moja gospođo. Teško da će ostati!...

Ipak, Migudova snažna građa je izdržala. On se u kratko vrijeme oporavio i, ako je to moguće, postao krepči i snažniji nego prije. Kasnije je Ićan nabavio i krmačicu za rasplod, ali prema njoj nije bilo ni traga od one ljubavi kojom su obasipali Miguda. Mršava i crna od blata, ona je lunjala avlijom, prepuštena sama sebi, bojažljivo kao sjena. Kad su stegla vremena tako da je Ićan i ukućanima smanjio obrok pure a mršavoj krmačici sveo porciju kukuruza na najmanju mjeru, Migudov je obrok ostao nesmanjen.

Miguda je upoznala cijela kolonija. Donerovi su mu, radi Ićana, iskazivali svaku pažnju i spremali za nj svoje mršave otpatke i posne spirine. A šjor Karlo mu je jednom prilikom donio iz Zadra dvije kutije „*Redina*", odlične slovenačke primjese za tovljenje svinja.

X

Uz pomoć Anite, Lizeta skroji za Špižmicu nešto nove odjeće. Bila je sva sretna što će mala napokon skinuti sa sebe mrske plave haljinice. Doznadu da u selu postoji šivaća mašina, kod Ike, žene Nikice Šuška. Ika je bila popovska sinovka iz drugog sela, vješta pletilja, koja je umjela da splete džemper iz domaće vune, sa kričavim zelenim umecima; prošla je kroz tečaj domaćinske škole i kuća joj je bila nešto urednija od ostalih. Muž joj Nikica bio je jektikav i nemoćan za rad; djecu nisu imali. Krupna i plećata, Ika je držala svu kuću na svojim ramenima, iznosila po lijepu vremenu muža pod orah na gumnu, kuhala mu mlijeko s medom i zapajala ga žlicama sirupa sa kreozotom po kojem je mirisala cijela kuća.

Dvije gradske žene bile su prijatno iznenađene kad su stupile u njenu urednu i okrečenu kuhinjicu — sve dok nisu kročile na prag ošitom odijeljene sobice u kojoj je bolovao Nikica: prizor koji su ugledale prenerazi ih, i one smućene nagnu natrag. Kako mu je bilo dodijalo ležanje — a valjda ga i odbijalo tamnom bojazni da ga sasvim „ne preuzme postelja" — i kako ga je sjeđenje na niskom stocu zamaralo, Ika se bila pobrinula da mu kod popadije pronađe kakav naslonjač ili što slično tome. Popadija za nesreću nije imala na zalihi baš naslonjača, ali je smatrala da to nije dobar razlog da upusti zgodnu priliku za pazar: sjeti se da na tavanu ima jedan od onih umivaonika sa preklopnim poklopcem kakvi su se nekad viđali po kancelarijama, i koji je i potjecao iz bivšeg pop-Mihajlovog „parohijskog zvanja". Bio je to umivaonik koji, kad je zatvoren, izgleda kao neka komoda, a u kojem, kad se poklopac — gornja i dio prednje plohe — podigne, tanji čovjek, stisnuvši se vješto u ramena i priljubivši dobro laktove uz tijelo, može nekako i da se umije. Ika nije tačno znala čemu ta naprava služi, ali je odmah vidjela da nije mnogo nalik na naslonjač. Ali ko će odoljeti popadiji kad ona u nešto upre! Popadija joj pridade još jedan poluraspadnut jastučić, da sjeđenje bude udobnije, i pokaza joj kako, ako se oduzme taj jastuk, rupa određena za lavor može da posluži i kao bolesnički nužnik kad je napolju hladno, samo ako se u donji pretinac naprave podmetne sud. Ona smota Iku, presječe joj svaku mogućnost odstupa — i Ika ode kući prteći umivaonik iz bivšeg „parohijskog zvanja" pokojnog pop-Mihajla, pa odmah — da cijela ta stvar što prije svrši — odnese popadiji pogođeni polučak i po kukuruza — neka joj bude!

Nikica primi taj dar s manjim protivljenjem nego što je Ika očekivala; pa čak i s nekim zanimanjem — gotovo mu se obradova! Bio je već gotovo sasvim ishlapio od bolesti i svaka ga je začudnija stvar uveseljavala i zabavljala kao dijete, izazivajući na njegovom licu sasvim blijed osmijeh. I tako — bilo da ga je u tome nešto zabavljalo, bilo da je htio da se nasjedi za svoje pare — sad je sjedio ispet u umivaoniku, s kukovima stisnutim u njegove uske strane kao u kakav steznik („da mu se ne raziđu kosti mimo kosti" — uvjeravala je popadija Iku). Noge su mu visjele gotovo čitav pedalj nad podom; držao se zgureno, jer je tako zapovijedao podignuti poklopac, i buljio u svijet beznadežno i tupo, ispljucavajući u krpu velike crvene mrlje. S vremenom se, štaviše, tako navikao na svoje mučilo da je cičao kad bi Ika i samo spomenula da će ga odatle izvaditi i posaditi u što drugo.

Kad bi stari Pere Gak, koji je služio još carsku vojsku u svojoj mladosti, sreo Iku gdje ide s kablom na vodu, uvijek bi je upitao: „'Esi li vrgla muža u *ambinde*,[1] 'esi li?"

Trebalo je da u selo dođe neko tako dokon kao te zadarske gospođe, pa da imadne vremena za razmišljanje o tuđoj sudbini i o uzrocima stvari, i da se upita: zašto li se ova žena s toliko samozataje i prednosti kinji oko tog čovjeka i toliko brine za nj. — Valjda iz samilosti? A možda ga i voli? — Od nje su mogle da doznadu samo toliko:

— A eto, čovjek mi je.

Zatim se malo zamislila, pa nadodala:

— Tako me dopalo, pa što mu možeš! Nije vajde sad o tome misliti!

XI

Ubrzo se nesređeni i rastrgani život prvog vremena izbjeglištva stao uobličavati u pravila i običaje.

---

[1] Od njem. anbinden, nekadašnja tjelesna kazna u austrijskoj vojsci.

Građani umiju da rasporede vrijeme: raskroje svoj dan, razdijele ga na odsječke, između odsječaka poudaraju pregradice čvrste i nepokolebljive kao zakon; odsječke ispune dužnostima, navikama, društvenim obvezama i obzirima, brigom za svoje tijelo, za svoju bradu, za svoje nokte i koječim sličnim — ako ničim drugim, a ono jadanjem na dugočasnost i mišlju o svojoj zloj kobi. Tako rascjepkano, vrijeme se lakše svladava i konsumira.

Na taj način, i našim izbjeglicama dani zadobiše svoj redovni vid. Žene su bile zabavljene oko kuhanja i drugih kućnih poslova, muškarci su im pomagali kod surovijih radnja, putovali u Zadar po aprovizaciju i po novčanu pripomoć, odlazili s kotaricom u selo da pribave što za ručak. Više nisu besposleno bazali u svako doba dana. Znalo se: prije podne se nije izlazilo, osim po poslu. I ako bi ko koga tokom jutra posjetio po nekoj potrebi, našao bi ga uvijek nečim zabavljenog: Ernesta, na primjer, nagnutog nad dječjim kolicima gdje ih pažljivo podmazuje (onako s kotačima uvis, izgledala su bespomoćno kao kornjača izvrnuta na leđa), a šjor-Karla gdje prišiva dugme ili pere čarape. Ipak, bez važna razloga niko nije izostajao sa popodnevne šetnje.

„Ićanovci" — Donerovi, dvije Kresoevićke, šjor Karlo — koji su stanovali nablizu, odlično su se slagali i provodili dobar dio dana zajedno. Golobi i Morići stanovali su nešto podalje, a bili su umjereno društveni. Osim toga, Morićev je položaj bio unekoliko različit, zbog njegovih starijih i dubljih veza sa selom. Anita i Lizeta, potpuno dovoljne jedna drugoj, nisu osjećale potrebu da proširuju svoj krug; pod šjora-Terezinim kritičkim pogledom osjećale su se malko sputane. Marijana Morić, zrelija cura s mnogo praktičnog smisla, usko zakopčana oko vrata i krajnje mučaljiva, bila je puna udivljenja za mudrost i životno iskustvo svog oca i nekad njegova desna ruka u dućanu. I onda kad je šutjela osjećalo se da čitavom svojom težinom stoji za svakom njegovom riječi. Možda je i ona kadikad imala nešto da kaže, ali tad bi pomislila: kad to nije našao za shodno da rekne otac, tome mora da ima neki razlog, pa tad ne treba ni ja da se zalijećem. Takva, pristajala je jednako dobro u svako društvo. Njeno prisustvo bilo je naročito poželjno kod pogađanja sa seljacima.

Poslije onog izleta u gornje selo, Vidošićeve nisu više vidjeli. On je revnosno odlazio u grad, stižući tamo predveče, kad je opasnost od napada manja, obavljao svoj posao noću, i vraćao se natrag jutrom, prije sata uobičajene posjete aviona. Marljivo je iskopavao ispod ruševina svoje fine listovne papire, kutije kartončića za čestitke, objave vjenčanja sa vinjetom narančine grančice, i one naročito ukusne objave rođenja — svoju isključivu specijalnost — štampane engleskim kurzivom, otmjene a upotrebljive za svako rođenje: *"La mammina e il babbo annunziano giulivi la nascita del loro adorato Bebé."*[1] Sav taj materijal, ma bio i oštećen, načet vlagom, Vidošić je nosio u gornje selo, tamo ga brižljivo glačao dlanovima, dugim njegovanim noktom malog prsta odvrtao zavrnute uglove, nizao ga i raspoređivao po pozitcima i sušio na smiljevačkom suncu. Pa opet sve to slagao u kutije i vezivao plavim vrpčicama.

Žene su svega jedan ili dva puta bile u Zadru, ali su muškarci išli redovno, bar jednom u petnaest dana. Pa ipak, predodžba njihova grada kao da im je pomalo blijedila u glavi: katkad im je izlazio pred oči u svome nekadašnjem, netaknutom vidu, katkad u onom razrušenom i rasturenom stanju u kojem su ga vidjeli poslije bombardmana — baš kao što umrlu osobu sanjamo ponekad živu a ponekad s punom sviješću da je mrtva, i uzalud se domišljamo zašto to tako biva i pod kojim uslovima biva jedno a pod kojim drugo. I s vremenom — začudo! — predodžba grada u njihovim mislima iskrsavala je sve to češće u onom prvom, netaknutom vidu; ali bi se odmah trgnuli, kao kad se prenemo iza sna i sjetimo da je sanjana osoba mrtva. Znak da su pomalo gubili dodir s njim i da su živjeli od uspomena.

Postepeno im je blijedila i prava slika onoga što su onda proživljavali: pamtili su do u tančine, i neizbrisivo, slike razrušenih zgrada, izraz od prepasti izobličenih lica, izgled

---

[1] „Mamica i tata ushićeni saopćavaju rođenje svoje obožavane bebice."

žrtava — a nedostajala im je jasna predstava duševnih stanja u kojima su tada bili, osjećaja koji su ih tada ispunjali. Nisu shvaćali kako su mogli da onako olako (sad im se to činilo „olako") napuste svoju kuću i svoje stvari, da se ne pobrinu za njihovu sigurnost, da ne ponesu sobom neke potrebne i vrijedne predmete, da propuste neke neophodne, osnovne mjere koje je nalagao razbor. Potpuno su zaboravili da su pošli u dubokom uvjerenju da će ta strašna tutnjava i trešnja roditi u roku od dva ili najviše tri dana mir i konac patnja i strahovanja, i da su, odlazeći, bili i odviše sretni što iznose živu glavu, a da bi mogli da misle na sitnice; i da im se u onim časovima činilo doista sitnicom i nevažnim ono što im se sad čini i te kako „važnim", „vrijednim", „neophodnim" i „osnovnim". Zato su sada svoj ondašnji postupak osuđivali kao neobjašnjivu rasijanost i grešnu lakomislenost.

Dok se, s jedne strane, ograničilo i uredilo povazdanje bazanje bez cilja i mjere, dotle je, s druge strane, redovni popodnevni sastanak radi šetnje postao prava potreba, željeni i iščekivani dnevni odušak. Za trajanja lijepih vremena i dok se nije počelo jako rano smrkavati, šetnja do Baturove kovačije zadovoljavala je, bar donekle, tu potrebu društvenosti.

Da, nesumnjivo, to je bila šetnja, lijepa šetnja. To je bilo prijatno, pa i zdravo. No to se zove „nahodati se", „protegnuti noge": to nije promenada. Ali građanima je nedostajala ona tačka koja predstavlja sastajalište, zborno mjesto, ishodište svih puteva, onaj izdvojeni i oštro omeđašeni komadić zemaljske površine otrgnute od neograničenog prostranstva koje građaninu daje neugodnu vrtoglavicu praznine. Tek kad postoji takav okvir zbivanja, takva pozornica našeg života (naročito ako još tu, s kakvog zvonika, carstvuje ona okata sprava koja regulira naša djelanja i odbrojava otkucaje našem srcu), građanin se osjeća na svome; tek takva stroga omeđenost steriliziranim popločanim prostorom i otkucavanim vremenom za njega predstavlja početak organiziranog ljudskog društva: tek to je, bar u zametku — grad. Bez takve tačke koja znači središte njegova života (pa, po tome, i središte vasione), građanin ošamućeno luta, kao da je izišao iz sustava koordinata.

Zadrani su kao takvo zborište, kao tačku odakle se počinju brojati odstojanja, instinktivno izabrali poljanicu pred nekadašnjom vinarskom zadrugom. Vrata i prozori zgrade bili su izvaljeni, zid oko njih pocrnio od vatre a krov nestao u plamenu, tako da se kroz prozorske šupljine vidjelo nebo. Na poljanici pred izgorjelom zadrugom nekoliko krivih, jako okljaštrenih borova pružalo je visoko u nebo svoje oskudne, prorijetke krošnje, a utabani utrenici ukrštavali su se u svim pravcima. Ipak, to je mjesto sličilo na nekakvo središte. Štaviše, na zabatu zgrade zjapilo je okruglo prozorče, šuplje oko u koje bi se bio mogao smjestiti javni časovnik; ali i sama ta okrugla rupa kao da je, poput sata bez kazaljki, na neki svoj nemušti način ipak označavala vrijeme — ono prekinuto i do boljih vremena obustavljeno vrijeme, ono vrijeme koje protiče utaman, a koje je odgovaralo visećem stanju i neriješenom iščekivanju zadarskih izbjeglica.

Na pročelju zgrade, nad ulazom, čitao se još ne sasvim saprat natpis iz nedavno minulog vremena: CHI NON È CON NOI, AVRÀ DEL PIOMBO![1] Iznad natpisa šablonom udarena krupna Musolinijeva glava, zabačena unatrag, namrgođenih obrva i čvrsto stisnutih laloka. U desnom uglu pročelja, nešto skromnijeg formata, drugi natpis: DISSODATE-SMAGGESATE![2] I taj natpis je imao svoju historiju.

XII

Potjecao je iz vremena kad je iz Rima došla direktiva: „Iskrčiti ledinu, razorati ugar, zasijati žitaricama svaki pedalj zemlje!" A zadarski prefekt pomislio je da će biti dobro da toj direktivi dade šira krila i veći razglasni doseg sredstvom ispisivanja na javnim mjestima po čitavoj pro-

---
[1] Ko nije s nama, dobit će metak!
[2] Iskrčite ledinu, preorite ugar!

vinciji, pa je sam sastavio odnosnu parolu u kojoj je taj apel bio zbijen upravo rimskom odsječnošću, u gola dva imperativa: DISSODATE-SMAGGESATE! I bio je zadovoljan iznalaskom. Istina, onog jutra kad je novoskovani natpis osvanuo ispisan po zidovima grada, zadarski su građani zastajali pred njim iznebušeni pitajući se što te dvije riječi treba da znače. Da je to bilo nešto patriotsko, o tom nije moglo biti sumnje; i da je bilo nešto odlučno, ni o tom nije bilo sumnje; ali što? Naročito im je ona potonja riječ zadavala brige; teško su je pamtili, zamjenjivali su je s drugim, sličnim riječima i krivo je reproducirali, *smarginate, smargiassate*, i slično. Čak i dva poznata zadarska mudrijaša, Baldasar Dètriko i Dino Boli, našli su se zatečeni, i smjesta su pohitali svojim kućama da kopaju po rječnicima. A kad su kasnije, oko pola jutra, opet izišli iz kuće i zastali pred tom parolom, iznenađeno, kao da je tada prvi put vide, odmah su umjeli da sugrađanima protumače njeno značenje. Svaki u krugu svojih poštovalaca, za svojim kavanskim stolom, davali su nesebično opširne obavijesti, praveći iscrpna etimološka izvođenja i upuštajući se u detaljna tehnička objašnjavanja tih poljoprivrednih radnja, popraćena crtarijama po mramoru stola. Ali, stvarno, jedini koga taj natpis nije našao nepripravna bio je profesor Vitalijano Bogdani; on je davao tumačenja smireno i bez žurbe, i to samo kad je pitan. On je, uostalom, bio i preko mora poznato ime. Već njegova disertacija *Sulla pretesa origine dalmatica di Sisto V*,[1] gdje je zavidnim stepenom naučne objektivnosti i rijetkim odsustvom lokalno-patriotske uskogrudnosti pridonio novih dokaza proti dalmatinskom porijeklu tog pape, bila je zapažena u stručnim krugovima. Ali njegovo najglavnije djelo, fundamentalna radnja o Laurentius de Jucundisu, pribavila mu je nepodijeljeno priznanje i otvorila vrata mnogih učenih društava. Njegova je zasluga bila tim veća što je o tome prije njega vrlo malo i sasvim nenaučno pisano: osim Sternacinijevog popularizatorskog djelca *Il nostro Lorenzo Giocondo e la sua Cronaca*[2] i Karmelićeva članka

---

[1] *O narodnom dalmatinskom porijeklu Siksta V.*
[2] *Naš Lorenzo Giocondo i njegov Ljetopis.*

Tragom Jukundićeva izgubljena ljetopisa, te oskudnih i skroz nepouzdanih vijesti u Šegarićevim *Glasovitim mužovima ilirskim* (Šegarić ga tako, na primjer, bilježi *Jogundžić*), malo je što vrijedno i spomenuti, izuzev doista ozbiljnu i dokumentiranu radnjicu fra Filipa Nelipića. *Još nješto o tačnoj godini rođenja Lovre Jukundića.* Ali tek Bogdanijeva knjiga *Laurentius de Iucundis, l'uomo — l'opera — i tempi*[1], može se smatrati kao definitivna radnja o tom predmetu. — Danas, Bogdani je neko.

I da je on pitan za mišljenje kad su, u prvo vrijeme okupacije, mijenjali imena mjestima, zaista ne bi bilo došlo do onakvih besmislica i neugodnih situacija, niti bi se našli prisiljeni da i po dva, i po tri puta mijenjaju pojedina imena, kao što se, na primjer, dogodilo baš sa Smiljevcima. Najprije im je udareno ime „*Borgo Mirtillo*", što je prilično lijepo zvučalo, i već su načinjeni pečati i štambilji, naštampana zaglavlja na službenom papiru za karabinjersku stanicu i postavljena tabla s imenom na ulazu u mjesto. I kad je sve to bilo gotovo — tek tad se našao neko da prigovori da „smilj" nema ništa zajedničko sa „mirtillom", da je „mirtillo" borovnica a ne smilj, i da ne treba zamjenjivati „mirtillo" sa „timo". Daj opet mijenjaj pečate i štambilje, štampaj nove koverte i zaglavlja, premazuj table, i piši nanovo: „*Timeto*". Nije ni to zvučalo baš loše, ali tad ustade prof. Bogdani, i reče: „Dosta je! To je više sramota! Zar da i po treći put mijenjamo to nesretno ime? Ta zar baš niko ne zna da ,smilj' nije ni ,mirtillo' (to je borovnica!) pa ni ,timo' (to je opet ,majčina dušica'), nego da se to talijanski kaže jednostavno: — ,gnafalio'!" (*Gnapharium arenarium*, Linn., zaboga!) — Ali, na žalost, bilo je kasno; prvo svega, mijenjati ime i po treći put — ne, nipošto, to bi značilo prosto praviti se smiješnima pred svijetom. Osim toga, ime „*Gnafalio*" nekako nije baš zgodno, ne zvuči najljepše. A onda, nešto se već bilo počelo poljuljavati i škripuckati, bilo je teškoća u funkcionisanju aprovizacije, garnizoni u unutrašnjosti bili su stjerani u svoja uporišta i nisu smjeli da pruže nos iz žice, ceste su bile minirane i pune zasjeda, a vojničke kolone sti-

---
[1] *L. de I., čovjek — njegovo djelo — njegovo doba.*

zale su u Zadar prorešetane i prorijeđene, donoseći više mrtvih nego živih. Ukratko, nikom više nije bilo ni do smilja ni do gnafalija. Uostalom, dobro je što je na tome svršilo. Jer se poslije izvjesnog vremena opet pronašao mudrov — zavidljivi Baldasar Dètriko — koji je u kavani javno tvrdio: svaka čast Bogdaniju, ali smilj ne samo da nije mirtilo, pa ni timo, već on nije čak ni gnafalio *(Gnapharium arenarium, Linn.)*: smilje je, ni više ni manje nego — *Helicrysum italicum!* Eto, imali su već gotovo to krasno ime, imali su prilike da, čak i imenom simbolički povežu Smiljevce s Italijom — a oni sve to upropastili nekakvim „njafalijem"!

XIII

Nego, poljanica pred bivšom Zadrugom po kojoj su sad šetale zadarske izbjeglice vidjela je i svečanijih dana. Na toj istoj utabanoj poljanici s nakrivljenim borovima, kojima su ogrizle koru vojničke mazge, održana je — prije nepune dvije godine! — lijepa svečanost kad je vinarska zadruga pretvorena u mjesni Dopolavoro. Ali i ta svečanost ima svoju historiju.

Ićanov vršnjak i parac iz djetinjstva Mile Plačidrug, sin njihova kuma i prvog komšije Obrada Plačidruga, bio je još od malih nogu nemirno i poduzetno dijete, i Ićan je od svog pokojnog ćaće a Milina krštenog kuma Aćima više puta izvukao batina zbog ortakluka u raznim Milinim „berekinlucima". Već su ga tada u selu zvali „Mile kokošar", i za svaki nestanak peradi sumnja je padala na nj, ponekad čak i onda kad nije bio kriv. Kasnije je neko vrijeme posluživao ovu istu popadiju, nosio joj vodu i ložio vatru, a ona ga je isposnički hranila i „upućivala na dobro" načinom koji se čak i starom Obradu činio malko prestrog, jer je Mile imao katkad otečene dlanove od šiba. Kako se u selu uvijek kasnije govorilo, ona je bila jedina koja je Mili, za cijelog njegovog života, stala na rep i utjerala strah u kosti. Ali Obrad je sve to podnosio zbog popadijina obećanja da će dječaka, kad uhvati dvanaestak-trinaest godina, „dok se malko uljudi i ojača", poslati s preporukom ocu Amvroziju Vukobratu u manastir Krupu da bude đak. I zbilja, kad Obrad navali da je dosta tog šegrtovanja, ona ga posla Amvroziju davši mu za oprosni dar knjižicu *Školsko zvonce*, na kojoj je bio otisnut pečat sastavljen od gumenih slova *Milutin M. Radojlović, gimnazist*, i dva požutjela uštirkana ovratnika pokojnog pop-Mihajla, s riječima: „Nâ, služit će ti kad budeš kaluđer pa te vladika pozove na kakvo opravdanje."

Ali Mile se ne ugrija ni kod oca Amvrozija. Poslije četiri-pet mjeseci vrati se kući, a za njim dođe od oca Amvrozija popadiji pismo: da „takijeh sveta kuća ne treba", da je bio „na soblazan u manastiru i cijelom selu kvareći i na zlo puteći mlađe a otprdno i prez počitanja odgovarajući starijima". Mile kratko vrijeme ostade kod kuće, pa kad dođe poziv od *Privrednika* da mu šalju za pitomce „bistriju djecu iz čestitih a siromašnih srpskih kuća", jedva dočekaše da pošalju Milu, koji je potpuno odgovarao uslovima, jer je bio i bistro dijete, i potekao iz čestite a siromašne srpske kuće. Ne prođe opet ni pola godine, a od *Privrednika* dođe pismo slično onome oca Amvrozija i obavijest da ga vraćaju kući na svoj trošak. Dođe pismo, ali za njim ne stiže Mile.

Gotovo dvije godine ne bi o njemu nikakva glasa, a međutim mu umrije majka, pa za njom i otac. Nedugo poslije toga osvanu jednog dana u selu Mile. Za kratko vrijeme spiska i isproda ono što mu je ostalo od oca, pa ode u Zadar nekom Arbanasu koji je držao garažu. Tu je prao automobile, nalijevao benzin, pumpao gume, i povirivao ispod jastuka nije li kome što ispalo iz džepa. U Zadru se skrasi više godina, ali onda i tamo nešto zamuti pa se jednog dana iznenada ponovo pojavi u Smiljevcima. Tu ga uhvate u vojsku, u kojoj po kazni zbog neodaziva na regrutaciju odsluži produljeni rok. Zatim mu se opet za dulje vrijeme sasvim izgubi trag. Najposlije banu u Benkovac i namjesti se kod suda kao ovrhovoditelj.

Prođe nekoliko godina. Izgledalo je da se najzad opametio i smirio. Čak je na jednim izborima bio čuvar žare. Nije se družio s mlađim nevaljalcima, najčešće je bio u društvu kanceliste Ljube Kopše. Neki su ga njegovi seljani kad su dolazili na sud u Benkovac počeli zvati „šjor-Milom". Govorilo se da se Mile sprema da pređe u kanceliste i da ga Kopša u tome podučava i upućuje.

Stvar je, međutim, stajala nešto drugačije. Oko Ljube se sve to više stezao obruč zbog nekih krupnih neurednosti u rukovanju s biljezima i sa sudskim polozima, pa je mislio da je u Mili našao rješenje: na tavanu sudske zgrade, među raznim *corpora delicti*, ležala su i dva paketa eksploziva ubačenog iz Zadra od *prevratničke organizacije „Za dom!"* Eto izlaza! Buknut će nehotičan požar, stari spisi i natrule grede planut će kao slama, i u plamenu će izgorjeti i tragovi njihovih grijeha. I jednog dana kad je Kopša bio vani na komisiji, Mile poslije zatvaranja ureda izvrši svoje. Iz opreza, izmakne se šetnjom pet-šest kilometara iz mjesta i zanoći u jednom šumarku čekajući da ugleda kako će na benkovačkoj kosi zaplamsati veseli plamen u noći. Međutim, noć proteče uprazno: iz Benkovca nije bilo opaziti ništa. Mile prolunja cijelo jutro po poljima, a o podne svrati u krčmu na Nadinu. Tu od nekih seljaka koji su se vraćali iz Benkovca dozna da je sinoć iz krova sudske zgrade primijećen dim i da su najprije pomislili da se zapalio dimnjak; da je vatra srećom blagovremeno ugašena, i da je Kopša odmah po povratku s komisije uhapšen. Mili nije trebalo da dozna više od toga. Ostatak dana provede u šumarku u kojem je prenoćio, a predveče se uputi prečacem prema zadarskoj granici, i pred zoru se jednim od onih prolaza kojim su prolazili krijumčari prebaci na zadarski teritorij.

Sjedio je u općinskom perivoju dok se nije dobro razdanilo. Znao je da ni u Zadru nije siguran i da jugoslovenske vlasti mogu tražiti njegovo izručenje. Zato brzo smisli plan; ode k nekadašnjem gazdi i zamoli ga da mu izda izjavu da je kod njega bio uposlen i da mu izvuče duplikat legitimacije koja će posvjedočavati da je bio upisan u fašističku organizaciju. Osiguran nekako tim dokumentima, odluči se da ode k fašističkom federalu[1], da mu prikaže stvar u poli-

---

[1] Najviši fašistički „dužnosnik" u provinciji.

tičkom svijetlu i da se stavi pod njegovu zaštitu. Morao je dugo da čeka i da prođe kroz nekoliko instancija dok je izišao pred federalovo lice. Ovaj ga sasluša ali ne odgovori ni riječi, već ga s kratkim pismom posla nekom drugom uniformisanom licu, ovo opet trećem, a ovo četvrtom. Tri su ga puna dana tako doturali jedan drugome; nahodao se od nadleštva do nadleštva i nasjedio po predsobljima, sve zebući da ga kako ne izigraju. Ličnostima je nalagala oprez pomisao da bi to mogao biti špijun ubačen s one strane granice. Najzad mu saopće da ga primaju uz uslov da stupi u „crne košulje". On prihvati i taj izlaz — jedini koji mu je još ostajao otvoren. Strpaju ga u auto, između dva stražara. Kad auto iziđe iz gradskih ulica i pođe cestom, Mile pomisli da ga to voze na granicu da ga predadu žandarmima i u sebi zavapi na „kovarne latine". Ali auto svrati u jednu pobočnu ulicu i stane pred nekom zgradurinom s rešetkama na prozorima.

Iza rešetaka stajali su tamnoputi, raskuštrani ljudi, u majicama ili goli do pasa, opruživši između prečaga mrke ruke s tetoviranim sirenama, sidrima i gnusnim crtarijama. Dobacivali su dvosmislice djevojkama koje su iz obližnjih čađavih kućeraka izlazile uparađene u snježnim angora--džemperima i ukrućenih glava s na mokro začešljanim kovrčama, gazeći neprikosnoveno na visokim peticama pod pljuskom prostota što su pljuštale na njih odozgo s prozora kazamate. Zamazana, bosonoga dječurlija, goneći pred sobom stari bačvarski obruč, zastajkivala je pred zgradurinom i molećivim glasom iskala od tih ljudi da dobace cigaretu, a oni su im, mjesto toga, psovali sestre i majke, pljucali na njih s prozora, i dizao se urnebes uveseljenja svaki put kad bi koga pogodili.

Pet šutljivih dana provede Mile u toj kući. Uspio je da odatle proturi svom bivšem gazdi ceduljicu u kojoj mu je smušenim načinom javljao samo gdje se nalazi. Valjda ni sam nije znao zašto mu to javlja i što zapravo od njega očekuje. Možda se nadao od gazde nekom neizvjesnom izbavljenju; a možda je to bio samo vapaj, vapaj koji ne traži odgovora — potreba da o sebi dade glasa, ona potreba koja se često javlja kod neznanih zatočenika i logoraša a koja nesvijesno zazivlje daleko ljudsko saosjećanje i u kojoj progovara prirodna težnja čovjekova da mu bude obilježen grob. Gazda Roberto je dugo prevrtao među prstima Milinu ceduljicu u nedoumici što da učini za čovjeka. I najzad je nedoumicu riješio tako što mu je poslao pet kutija cigareta *serenissima*, na kojima je bila naslikana gondola koja se ljulja na mlakama mutnih odbljesaka, privezana za nahereno i živopisno venecijansko kolje. Milini su novi drugovi radosno dočekali tu pošiljku, s povicima: „A tako! momak, dakle, ima curu koja mu šalje fine cigarete!" A Mile ih nije razuvjeravao; samo se nevoljno smješkao i mučao.

Tih pet dana prođe mu kao u nekom mamurluku, a šestog dana u zoru bude ukrcan na brod s jedinicom koja je kretala na bojište u Španiju.

Nikad se više u selu nije o njemu ništa čulo — a malo se ko i brigao da o njemu šta dozna — i, vjerovatno bi ga njegovi seljani uskoro bili sasvim zaboravili, da nije bilo nečega što ih je na nj opominjalo.

Za vrijeme koje je, po povratku iz *Privrednika*, proveo u Smiljevcima švrljajući besposleno i dangubeći čitava jutra nalakćen na tuđoj ogradi i razgovarajući kopače vinograda čudesima iz bijelog svijeta, ili upućujući seosku mladež u igru „ajnjca" i služeći za uveseljenje čitavom selu svojim „stranjskim" nazivima za najobičnije kućne predmete — Mile jedne večeri naiđe na paši u gaju Baščici, ispod sela, na „mutavu Sávu", gluhonijemu najmenicu u kući Lakića, jedru, dežmekastu djevojku bucmasta lica i čisto bijelih trepavica i kose. Pristupi joj malko drhtav, s ružnim osmijehom na ustima, i pokuša da s njom razgovara. Po polju su tu i tamo plamsakale male čobanske vatre i dim s njih miješao se s laganom izmaglicom koja se počela hvatati na rubu njiva; iz šume je bio vlažni večernji hlad i ujedao uši i prste nadražujući čula. Sava ga je gledala svojim bezazleno začuđenim osmijehom, milovala ga dobrim bjelotrepim pogledom, nemušte mucala i ispuštala one svoje kratke, smiješne, cičeće glasove, one repiće radosnih uzvika. On se osvrne uokolo, pa vidjevši da u blizini nema nikoga (jer se čobančad skrila u grmlje i odatle virila), nasrne na nju, povali je i siluje.

Još i sada kad bi Sava, s kablom pod miškom, prošla na vodu mimo skup ljudi koji su poslije rada sjedili po pozicima oko Zadruge, poneki bi je od njih podražio podsjetivši je kakvom stidnom gestom i podmigivanjem na zgodu s Milom. A ona bi se, kao i onda, sva ustremila, nakostrušila, cijelo bi joj se biće uzbunilo i ustrzalo u grčevitom nijekanju kojim je htjela da poreče i zbriše ne samo uspomenu već i samu opstojnost događaja; iz nje su se izvijali krnji, iskidani grleni povici, neko iskasapljeno, silno a nemoćno lelekanje slično blejanju priklane ovce; i ta njena usplahirena pobuna nagonila je ljude u smijeh do suza. A pošto bi Sava minula i smijeh se stišao, neki od njih zavrtio bi glavom:

— E, Mile, Mile! — Pa bi dodao: — A ko zna gdje je on sade?

— Neće se izgubiti, ne boj se! — odazvao bi se drugi.

— 'Naki ne propadaju.

Međutim, u unutrašnjoj prepisci Fašija bilo je još samo jednom spomena o njemu: mjesec dana po njegovom odlasku u Španiju došla je obavijest da je tamo zaglavio, i tad je njegovo ime brisano i sa spiska ,,blagodejanika" i sa spiska sumnjivih lica.

A kad je talijanska okupacija zahvatila dobar dio zemlje, pa i Miline Smiljevce, novi federale, koji Milu nije lično poznavao i koji je njegov lik gledao već u historijskoj perspektivi, pomisli da će biti dobro da se i njegovo ime nadoda čitulji palih za stvar fašizma. I tako je na mramornoj ploči na zadarskoj gradskoj vijećnici, pored imena omladinaca Ubaldo Crivich, Glauco Suaccich i Italo Puch, sad zablistalo još jedno ime: Emilio Placcidrug.

I pošto je pobijedila teza koju je federale, čovjek širih pogleda, gorljivo zastupao, to jest da ,,ovo pučanstvo" (,,*queste popolazioni*") treba privezati uza se podvlačeći u svakoj prilici njegove davne i prisne veze s maticom-Italijom i ističući imena sinova toga kraja, te da ne bi nipošto bio znak političke mudrosti već naprotiv krupna taktička i psihološka pogreška kad bi se, na primjer, škola u Raljevcima ili u Tvrdom Docu nazvala imenom Arnalda Musolinija, ili Itala Balba — bude odlučeno da se Dopolavoro u Smiljevcima posveti uspomeni tog domaćeg sina.

XIV

Federale je uzeo lično u svoje ruke vođenje priprema za svečano otvorenje Dopolavora i marno je spremao govor koji će tom prilikom održati. U tu svrhu iscrpno se informirao o društveno kulturnim uslovima sredine iz koje je Mile potekao. Profesor Bogdani ga je upozorio da se u Gradskoj biblioteci, pod oznakom Ms 371, 372, čuvaju dvije rukopisne sveščice pok. kanonika Claccicha, zaslužnog zadarskog trudbenika na polju domaće historiografije, *Spigolature di storia patria*[1], *Vestigia romane di minor conto di contado di Zarà*[2], i da u ovoj posljednjoj postoji zabilješka da se u Smiljevcima, kod kuća Pozder, nalazi jedna rimska *urna cineraria*. Federale bez oklijevanja odluči da naprave naučni izlet na lice mjesta, i jednog lijepog jutra oni sjednu u auto i zapraše prema Smiljevcima. Sjedio je Bogdani uz bok federalu i vozio se. Obukao je stari raglan koji je držao naročito za takve ekspedicije — nešto pokraćen, jer mu je žena iz tog ustriška napravila novi ovratnik koji je malko odudarao uščuvanijom bojom — a francusku kapicu navukao na lijevo uho, osjetljivo na propuh, što je podavalo njegovom tankom profilu oštrouman i donekle vragoljast izgled. Valovitom kretnjom ruke gladio je blagu liniju pejzaža i pružao federalu topografska objašnjenja. Pokazivao mu je jedan tipični položaj na kakvima su obično Rimljani gradili vodovode i nagađao vjerovatne razloge zbog kojih ga na tom mjestu ipak nisu sagradili.

Bilo je u jeku proljetnog oranja i po poljima su se ljeskale izvrnute grude i mrke brazde na jednoličnoj pepeljastoj površini njiva. Zrak je bio bistar, prorijedak, nekako

---
[1] *Pabirci iz domaće povijesti.*
[2] *Rimski tragovi manjeg značaja u zadarskom okružju.*

dragocjen, a nebo bljedoplavo i sasvim čisto, i pogled je slobodno vladao čitavim područjem, sve tamo do jasnih obrisa Velebita s njegovim bijelim vrhovima i s ostacima snijega u naborima. Svaka je stvar, svaka pojedinost bila brižljivo iscrtana; predjel je bio vedar u svojoj pustoti, bez suvišne mekoće, bez mesnate pastoznosti, ali i bez ikakve istaknute oštrine, zadahnut nekom blagom no suzdržanom plemenitošću. Izgledao je umiven, očišćen jučerašnjom buricom — kao da čeka jedno novo ljudstvo koje će se tu naseliti, ko u izmetenu kuću.

Kad je federale iz Bogdanijeva razgovora doznao da su tu nekad bili Turci, čisto je živahnuo. Odmah mu se učinilo kao da putuje dublje u unutrašnjost, i zažali što se nije opremio onako kako bi odgovaralo za takvu ekspediciju. Na pitanje da li je za Turcima ostalo kakvih tragova i spomenika, Bogdani mu objasni da u jeziku i životu toga naroda ima sva sila turskih riječi, izraza i običaja, pa da su i jablanovi koje vidi tu i tamo rasijane po pejzažu ostatak turske uspomene, i da je domaći narod sigurno poprimio od Turaka običaj da tako obilno sadi jablanove, koji podsećaju na minarete, jer izgleda da su Turci, na svojim pohodima, u nedostatku minareta, ukujisali sa nekakve platformice načinjene u granju jablana. Taj podatak, dosad, kako reče Bogdani, nezabilježen u nauci, federala je živo zainteresirao.

Jer federale je volio zornu povijest. Volio je da ima pred sobom nešto stvarno, vidljivo, opipljivo, čulima dostupno, nešto što podstiče uobrazilju. A bilo je, dakako, poželjno da to vidljivo i opipljivo bude, po mogućnosti, još i lijepo; u kojem se slučaju, po njegovom shvatanju, povijest pretvarala u kulturnu povijest. Činilo mu se da sva ta povijest koju ovdje nalazi, svi ti Turci, Saraceni, Avari, Normani, Goti i Kelti, svi ti domaći vladari, domaće dinastije, svi ti priori, gradski knezovi, biskupi, kapetani, kneginje-opatice, gradska vijeća, crkveni sabori i zborovi vlastele — da sve to sjedi na grani od oblaka, da je sve to lijepa i zanimljiva priča, ali da bi se isto tako moglo pričati da su tu nekad bili i Inke ili Samojedi sa svojim saonicama na tuljanima. I da je ta priča dobra i može da zadovoljava samo dotle dok čovjek hoće da je prima, ali da čovjek isto tako može i da drmne voljom pa da joj ne povjeruje, i tad istim mahom sva ta priča pada, čili i potpuno nestaje, i ne ostaje ništa što bi je potvrđivalo i dokazivalo a što bi čovjek mogao da opipa i okom sagleda — ništa osim onoga što je ostalo za Rimljanima i Mlečanima. A pošto vidimo da je sve to što su uložili i Rim i Venecija otišlo utaman kao da je bačeno u bunar, očevidno nema nikakva smisla da se i dalje u taj isti bunar sipa. Te je svoje refleksije federale izrazio riječima: da mu se čini da se istorija tog kraja i tog naroda sastoji čitava *„in non existentibus"*, iz neke hronike koja je netragom nestala, iz nekog zapisa koji se pokazao apokrifan, iz neke arhive koja je izgorjela, iz nekakvih povelja koje su postale nečitljive, iz nekakvih sabora koji nikad nisu održani, iz jedne građevine koju su srušili Avari i iz druge koju su srušili Turci, iz nekih umjetnina koje su odnijeli Napoleon, Austrija, Italija, iz nekih šuma koje je uništila Venecija, iz nekih jedrenjaka koje su progutali parobrodi i tako dalje. Zato je federale i dočekao tako željno, u tom pustom kraju, Bogdanijeve jablanove sa kojih se ukujiše... Pred malo kritičkijim pogledom, dakle, sva ta priča pada, i ne ostaje ništa, ama baš ništa — do ove gole i slabo utješljive stvarnosti: do ovog žutog življa s podnadulim dalcima što još kusa drvenom žlicom i ravnodušno zuri u auto koji promiče, do ovih žena samojedski niska čela koje se pred kućom na suncu bištu.

I kad je nedavno, na pogrebu prefekta koji je ubijen od „rebela" baš u času kad je nosio luč prosvjete u duboku pozadinu svečano otvarajući *la Casa del Fascio Ordelafo Vucassinovich* u Donjem Oglođu, razmišljao kako ovaj živalj eto odbija i tu, vjerovatno posljednju, šansu da stupi u krug kulturnih naroda — nije nikako mogao da razumije tu čudnu i u svojoj naivnosti ganutljivu propagandu „rebela" da oni to i čine uprav zato što im je dosta i Gota, i Avara, i Turaka, i potonulih jedrenjaka, i posječenih šuma i izgorjelih knjiga, što im je dosta i drvenih žlica i biskanja pred kućom, na suncu.

I, po jednoj od onih naglih promjena raspoloženja kojima je bio podložan, federalu odjednom sve to dođe otužno i besmisleno, te ispade u novu refleksiju, koja iznenadi Bogdanija:

— Ja uopće ne razumijem što mi tu tražimo! Zašto se razlijećemo po svijetu i hoćemo da usrećujemo ljude i narode proti njihovoj volji, mjesto da sjedimo kod kuće i liječimo naše vlastite rane i bijede? A mi, eto, po Evropi i bližoj Africi gradimo drugima dobre drumove kroz bespuća, kao da smo postali neko poduzeće za asfaltiranje cesta!

Pomuča Bogdani sjetno gledajući daleke jablanove, pomuča i federale, pa najzad zaključi:

— Bè'! vedremo!¹

Bili su pred Smiljevcima.

Iziđu iz auta i promeškolje noge. Raspitaju se za kuće Pozder i ubrzo ih nađu: to je bila kuća Ićana Brnosa. Selo je izgledalo gotovo pusto: svi su bili u oranju, kod kuća ostale samo starije žene i sitna djeca. Vajka brže pošlje dijete po Ićana koji je popravljao ormu kod Save Mrdalja. Ićan pomisli da je to opet došla komisija, kakve su dolazile još od vremena Austrije, pa kasnije za Jugoslavije, i sad za Italije, radi regulacije izvora Paripovca iz kojeg se navodnjavaju kupusni vrtovi i širi malarija po cijelom selu, pa da će im opet on morati premještati bijelo-crvene štape i istezati limenu vrpcu iz kutije. Federale i Bogdani, međutim, čekajući na njegov dolazak, pronjuškaju avlijom i naiđu u samom uglu, pod murvaćem, na kamenicu u koju su sipali prasetu. Značajno se pogledaju, prevrnu je nogom, uzmu je ogledati sa svih strana, i najzad utvrde nedvojbeno da je to baš urna cineraria koju spominje kanonik Claccich u svome djelcu *Vestigia romane*, i da vjerovatno potječe iz nedaleke Gradine, drevnog rimskog *Brebentiuma*, gdje je nekad logorovala VII, pa kasnije XI legija.

Da iskoriste vrijeme dok stigne Ićan, Bogdani, koji je neloše vladao narodnim jezikom, pomisli da će biti dobro da od živih svjedoka koji su upamtili Milu još od njegovog djetinjstva sazna nešto pobliže o njemu.

---

¹ No, vidjet ćemo!

— Je li, stara — upita Vajku koja je u taj čas trljala pržinom kabao okrenuvši im leđa, presumićena tako da joj nisu vidjeli lica — je li, stara, jesi li ti poznavala Milu Plačidruga?
— Ih! Jesam li ga znala! — odvrati Vajka prekinuvši trljanje i promolivši, u perspektivi, glavu iza tura — ta je li mi bio dodijao ovuda, s onim mojim!...
— A kakav je bio Mile djetetom, je li?
— Nâpak[1], 'rano, jadna mu majka!...
Ali odmah se presječe, pa nadoda:
— ...A opet, ne znam, možda se poslije, tamo u svijetu, što opomenuo.
Dođe i Ićan. I njega, kao uz put, upitaju za druga iz djetinjstva.
— Kakav je bio?
— Pa..., da bi kazao, i nije bio loš koliko se divanilo, — procijedi Ićan, te zaključi mudro: — najgori je bio za sebe, eto ti.
Reku mu da je ona kamenica rimska i da potječe sa Gradine, da to ima zapisano u knjigama. Ićan nije direktno poricao, samo je tvrdio da to „koritence" (sad ga tako nazva) leži ondje gdje su ga vidjeli valjda otkad je svijeta i vijeka, i da ga je ondje našao njegov ćaća, pokojni Aćim Brnos, kad se, prije gotovo pedeset godina, doselio iz Bukovice i ušao u laštvo[2] Vajki Pozderovoj. A stara se Vajka klela svačim na svijetu da je ta kamenica tu otkad god je Pozderova kuća postala, i da je još kao dijete čula govoriti da je bila tu i prije toga, još davno, u vrijeme kad je na tom istom „fundamentu" živio neki stari pop Adam, koji je imao devet kćeri, i od njih devet osam poudavao, sve za glavare i za popove, samo deveta, Milojka... — ali tu se gosti odvrnuše jer ih dalje nije interesiralo, pa se uputiše u selo.

Kad su već tu, na licu mjesta, odluče da uz put pregledaju i crkvene matice. Matice su, srećom, tad još bile sačuvane, pa je njihova želja bila ostvarljiva. Ali, na žalost, one su kazivale malo što vrijedno pažnje: iz njih se doznavalo

[1] Naopak, rđav.
[2] Domazetstvo.

da se je dana 4 (17) julija mjeseca 1906. godine, od oca Obrada Plačidruga i majke Ilinke Ševo rodilo u zakonitom braku muško dijete, kome je na krstu bilo dano ime Mile, da ga je krstio paroh pop Mihajlo Radojlović i da su kumovali Aćim Brnos i Ilija Skokna... — Tu federale pomisli sa žaljenjem koliko bi zgodnije bilo da se je otac zvao Ilija Skokna (Elia, ili čak Elio Scocna! — to bi zvučalo odlično, gotovo kao Stelio Èffrena[1]!...), pa makar da se kum zove Obrad Plačidrug! Ali, što se može?! Federal, dakle, pogleda muški teškoći u oči, i pišući svoj govor kratko se zadrža na Milinim najranijim godinama: rođen od radinih, kršnih ratara, opaljenih suncem poput abruceških pastira, u skromnoj kamenoj kućici u Smiljevcima, nedaleko drevnog rimskog *Brebentiuma*, tik uz cestu kojom kao da još odjekuje dvohiljadugodišnji bat pobjedonosnih rimskih legija, a sa koje je Mile, još djetetom, očima punim žudnje gledao u dolini Zadar kako se blijesti u suncu kao dragocjena kopča, koja njegov kraj spaja s drugom obalom, i, preko nje, s Mediteranom, kolijevkom kulture itd. ...

Mjesec dana kasnije svečano je otvoren Dopolavoro. Pred postrojenom četom crnih košulja federale je izvršio simboličku prozivku palog junaka. Na njegov poklič: *„Emilio Placcidrug!"* — čitav odred iz svojih stotinu grla prolomi gromko: *„Presente!"*, posvjedočujući na taj način da po jedna čest Milina duha živi u svakome od njih. Naročito se snažno razdrevio jedan dežmekast, tamnoput, kudrav fašist u prvome redu, s dugom kićankom na crnoj kapi zabačenoj sasvim na potiljak, koji je bijesno kolutao očima. Seoski derančići virili su preko plota i muvajući se laktom u rebra upozoravali jedan drugoga na dežmekastog deliju:

— Vidide onog trtka na kraju, na što li ga je svih tih bogova!

Na trajniji spomen bili su podigli pred Zadružnim domom, Dopolavorom, u sjeni pinija, cementni spomenik u obliku rimske stele — „stup Emilija Placcidruga", na kojem je bila utisnuta s jedne strane rimska vučica, s druge krilati lav sv. Marka, a s lica fašistička liktorska sjekira;

---

[1] Lice iz D'Annunzijeva romana *Oganj*.

navrh stupa postavili kamenicu iz Ićanove avlije, a u nju skrili limenu posudu iz koje su krotko lizuckali plameni jezici. U dvorani Dopolavora priređen je banket, a zatim su, za narod, prikazana dva kratka filma, *Narod Emilije oduševljeno predaje žito na otkup* i *Svadbeni običaji na Sardiniji.*
Cijelu je tu svečanost snimio na vrpcu, iz prikrajka, čovjek-stručnjak; raskrečio se u sasvim tegobnu pozu: čučnuo pa hvata sliku malko odozdo, a lijevu nogu grdno iskrivio i isturio daleko naprijed; izgledao je kao da u isti mah i čuči iza grma i preskače oveću lokvu. Štekće diskretno njegova spravica, a oni postrojeni ljudi odaju pozdrav puškom, uprtih očiju u komandanta — samo vrhom nosa paze na čovjeka koji snima; nastoje i oni sa svoje strane da snimanje što bolje uspije. Jer će kasnije čitavu tu svečanost gledati stotine i stotine hiljada ljudi, tamo preko mora, i Sicilijanci, i Sardinjani, pod naslovom *Narod rodoljubivog Njafalija odaje poštu najboljima između sebe,* u zamjenu za one „sardinijske svadbene običaje" koje su danas gledali Njafaljani.

A da se narod nije pokazao tako nezahvalan i nedostojan brige koja mu se posvećuje, bilo bi se u Smiljevcima još mnogo toga učinilo. Namjeravalo se otvoriti, u prizemlju Dopolavora, dječje obdanište: već je bio stigao prefektov poklon: računaljka s kuglicama u vidu raznog lakiranog voća — jagoda, malina, trešanja — a federale je bio osigurao četrdeset kompletnih uniformica i četrdeset puščica za smiljevačke *Sinove rimske vučice.*[1] Pred samom zgradom bila je predviđena dekorativna rozasa na kojoj je morala figurirati, sastavljena od raznobojnog cvijeća, liktorska sjekira. Ali narod je na sve te i druge pažnje odgovorio napadima na vojničke kolone i uporišta i otklanjanjem i uništavanjem svih kulturnih tekovina koje su mu oni bili namijenili. I tako su Smiljevci doživjeli da opet vide one iste „crne košulje" koje su uveličavale svečanost Dopolavora Mile Plačidruga bodro odglasujući na federalovu prozivku kako prolaze kroz selo na povratku iz kaznenih ekspedicija,

---

[1] Fašistička dječja organizacija.

opaljene od sunca i od plamena požara, pokrivene prašinom i natovarene plijenom iz popaljenih kuća. Pred njihovim dolaskom selo bi se ispraznilo, opustjelo — sve živo sklanjalo se u polja, u gaj Baščicu, a crne bi se košulje razmiljele po opustjelim kućama, obijale škrinje udavača, iznosile seljačko platno, đerdane od cvancika, suho meso, rukama zagušenu perad; predvodio je onaj trtak sa dugom kićankom. A za njihovim prolaskom plamsale su u Smiljevcima, na pogled Zadru, kuće onih koji su se odmetnuli u šumu.

Pa je prošlo i to; nahrupili su Nijemci, i od bahatih palikuća napravili svoje pokorne i umilne sluge, navukli na gradove pljusak avionskih bomba, i njihove dotle bezbrižne stanovnike obeskućili, opljačkali, razjurili, tako da su morali da potraže utočišta čak i u popaljenim Smiljevcima. Sažaljevani, ni od koga mrženi, tavorili su tu kako se dalo i moglo; sjedili su naveče oko Ićanova ognjišta, pomagali mu, radi zabave, zrnati rukama kukuruz, i u razgovoru od njega i od stare popadije Darinke doznavali smiljevačku verziju istorije Mile Plačidruga, čije im se ime, daleko i nepoznato, ranije danomice nametalo pogledu s mramorne ploče na zadarskoj vijećnici. Malo podalje, u uglu, Jekina i Jovo zabavljali su malu Špižmicu šuškajući joj oko ušiju zrnjevljem jaroga graha u limenci od konzerve i učeći je da slovka njihova imena.

XV

U pustoši, iz svake stvari požudno rastu uspomene. Iz svake trice niče povijest. Svaka rbina postaje spomenik. U Smiljevcima, jednako kao ma gdje drugo. Gladna mašta oplođuje se svakom česticom saznanja. Krnjadak srednjovjekovne mamuze iščačkan lemešom iz zaoranog groba može da nam izazove pred oči talase oklopnika u jurišu, starinski ključ iskopan u prisojnom vinogradu otvara nam vrata davno zbrisanog templarskog samostana i uvodi nas na prstima u njegov mrtvi život. Prosviran šljem u jarku pored ceste sadržava jednu ljudsku glavu, jelova krstača nad tuđinskim vojnikom, poginulim, sasvim van programa, u slučajnom prolasku, označava čitav jedan ljudski život. Jedan život koji, tu, nepuna dva pedlja dublje (jer plitka su i žurajiva ta vojnička pokapanja na prolasku, pred noći koja nadolazi) leži već protruo pod kožnatim uprtačima, s lubanjom u preširokom šljemu i s ploskicom o istršalom kuku. I limena porcija iz koje sad mirno piju pilići, i odbačen šaržer strojnice, i mjedena čaura signalne rakete u koju sad duvaju kao u pištaljku seoska djeca — sve je to spomenik, sve je to minuli život.

U nedostatku novina, sveščica romana u nastavcima i razgovora po brijačnicama, Zadrani su se navikli na Ićanova večernja pričanja. *El nostro cantastorie,*[1] okrstio ga je šjor Karlo. I nisu bez nekog pritajenog zadovoljstva iščekivali ta večernja posijela. A svaka sitnica bivala je dobar povod za početak priče.

Iz tih Ićanovih priča i iz škrtih ali oštro zarezanih zapažanja stare popadije saznavali su Zadrani mnoge smiljevačke zgode, a lica koja su još nedavno u tim zgodama odigravala neku ulogu, svježi utopljenici u pličacu zaborava, pomalo su oživljavali blijedim rumenilom i opet počinjali da dišu, zahukujući bojažljivim dahom ,,kontastorijino" vječno ogledalce. Sad već jednako odsutna i nestvarna za smiljevačke očevice kao i za Zadrane, živjela su, za jedne kao i za druge, tek svojim dvodimenzionalnim životom puke sjene i sušte pomisli, ravna prema svemu i svakome, čista od bilo kakve pristrasnosti ili predilekcije, i spremna da, bez ikakva obzira prema očevicima i bez ikakve obaveze prema historiji, brže vaskrsnu pred zazivanjem radoznalijega i da se svesrdnije predadu toplijoj uobrazilji. A tankoćutna Lizeta kao da je bila odabrani medij tih lutajućih sjena. O, često je o njima znala još više, i još prisnije, nego i sam Ićan, nego i sama popadija! Oni su se samo čudili odakle li, iz kakvog li tajnog izvora, slabašna plava ženica izvlači tačna saznanja o neznanim događajima i ta vjerna sjećanja stvari koje nikad nije upoznala.

---

[1] Pučki pjevač ili pripovjedač minulih zgoda.

A tako su hlepile za životom te sjene, tako vapile za ovaploćenjem! I često je bilo dovoljno da ih letimično takne krilo jedne riječi, uzgredni spomen u razgovoru, pa da odmah istupe iz mutne pozadine i da ocrtaju svoj obris u lelujavom dimu Ićanova ognjišta. Iz njegova pričanja, začinjena popadijinim umjesnim dopunama i oduhovljena Lizetinim tananim doslućivanjima, satkala se tako, u zajedničkoj saradnji, i ,,priča o neznanki".

Jednog dana, ,,još dok je Talija bila na nogama" i dok se u jednom krilu Zadruge nalazila karabinjerska stanica, kamionom koji je karabinjerskim posadama raznosio poštu, hleb i ostalo sledovanje, banu neočekivan gost: iz kola iskoči žensko stvorenje neodređenih godina, oksidirane kose a crnih tankih obrva, s tamnocrvenim namazom na usnama i na upalim obrazima. Na nogama je imala zelene cipelice s visokom crvenom petom koje je cijelim putem držala u krilu, zamotane u papir, i obula tek pred Smiljevcima; podvezice su im bile išarane u vidu zmije — prava pravcata zmijica, sa zmijskom glavom na kraju. Veliki četvrtasti naočari od modrikastog stakla u debelom ružičastom okviru skrivali su joj veću polovinu ispijenog lica.

Bila je Eulalija Grimaldelo, koja je dopirila ravno iz Napulja, bez predobjave, da bi napravila iznenađenje svom zaručniku, karabinjerskom vicebrigadiru Frančesku Đona. Kako je bila vična putovanjima, te je već putovala i na devi prilikom jedne posjete nekom ranijem zaručniku u Africi, ovo joj se putovanje učinilo sasvim kratko i nimalo naporno, čisto šala, pa je skočila s kola svježa i lagana.

Rudasti Đona bio je izišao pred auto, zla ne sluteći, sa svežnjem pošte pod pazuhom, u suroj platnenoj bluzi u kojoj je sjedio u kancelariji. Ugledavši Eulaliju, zastade: zbunjen osmijeh zaledi mu se na usnama, i malko ublijedi. Eulalija ga poljubi u oba obraza i upita nježno: ,,Kako si, mili moj?" Zatim se okrenu da izvadi iz kamiona koferče, pa kad se vrati k Đoni, a njemu još nije bio sašao s lica skamenjen osmijeh niti je došao do riječi, izraz joj se naglim obrtom izobliči i ona reče glasom koji je odjednom postao neočekivano dubok i grlen: ,,Reci jasno, krivo ti je što sam došla, je li?" U očima joj je sijevnula neka strašna ozbiljnost od koje se moglo nadati odmah najgoremu. „Ali nipošto, kako samo možeš to i pomisliti! naprotiv, naprotiv! ..." — zabrza Đona. I, da bi predusreo sve ono što se moglo da očekuje, obgrli joj objema rukama glavu i zapečati joj usta dugim cjelovom, pred seljacima i dječurlijom koji su stajali naokolo i pred šoferom koji se češkao iza uha i gledao u stranu kriveći lice.

Eulalija osta u Smiljevcima i smjesti se u jednoj sobi Dopolavora, u neposrednoj blizini Đone. U stanicu su unošene velike količine jaja, i kroz rešetkaste prozore čulo se po sav dan lupanje zabajona, krema, šodoa, i širio miris ogromnih kajgana s lukom i pršutom. Mlađi karabinijeri, šiljani svakodnevno u vanredne patrole, izlazili su iz kasarne namušeni, s puškom preko ramena i s remenom od kape na podbratku, mrmljajući ljutito *Porca madonna!*

Katkad bi se, oko pola jutra, izvio iz stanice, iznenada, bez ikakve pripreme, čudan, visok a taman ton, za koji, dok se ne bi u nastavku razvio u šlager, čovjek ne bi znao da li je to zviždak parobroda u magli ili struganje mrtvačkog sanduka koji dovlače bliže odru: — to je Eulalija Grimaldelo, ispavana i dobro raspoložena, isukivala oštricu svog alta, koji bi se čas kasnije razlio u povitljivu krivulju tanka *Amami!* ...

Amami!... Amami predutamen... te...!
Baciami!... Baciami senza rimor... so...![1]

Dugo poslije toga susjedska djeca Mićko i Ilijica, koji su joj svakog jutra donosili mlijeko, oponašali su njen pjev duvajući u grlić prazne flašice i govoreći: „'Vako se krivila ona karabinjerska žuja."

Govorilo se da će Žuja ostati u Smiljevcima kao učiteljica. Izgled joj je valjda povećavalo to što se, poslije one prve učiteljice koja je bila došla odmah na početku okupacije i pobjegla nakon samih pet dana, više nikad nije moglo naći nastavnika za Smiljevce.

---

[1] Voli me, pogibaj za mnom, cjelivaj me bez grizodušja!

Ponekad bi poslije ručka izašla sa Đonom u šetnju; on je bio svježe obrijan i napudrovan, bez kape, s kosom prepuštenom milovanju vjetra i sunca, a ona u onim cipelicama sa zmijicama i pod velikim modrikastim naočarima — tačno onakva kakva je stigla. Prolazila je seoskom ulicom kao što se prolazi kroz špalir, dragala milostivom rukom novorođenčad, a odrasliju djecu prizivala pokretom ruke, od potrebe i strogim pogledom, pa im podmetala nadlanicu na cjelivanje. Jednog od prvih popodneva što je izašla otišla je do Milina spomenika, položila na nj kitu cvijeća, odstupila korak i ostala časak skrušena; pored nje je stajao Đona, i odlazeći salutirao po vojničku; možda je, u prizrenju učiteljskog mjesta, pomislila da neće biti zgorega da zadobije simpatije tog življa *(queste popolazioni)*.

Jedne večeri (mora da joj je bio, pravi ili izmišljeni, rođendan ili imendan — kamion iz Zadra donio je iskićenu tortu i nekoliko boca *spumantea*,[1] a od popadije su posudili veliku šerpu), priređe u dvorani Dopolavora neke vrste plesnu zabavu. Prisustvovali su svi karabinijeri u tamnim odorama i poštarica iz Žagrovca, a iz Zadra su dojašile na biciklima dvije gospođice u nekakvim sportskim majicama i kratkim hlačicama. Plesalo se i pjevalo dokasna i čula se svirka gramofona, sve dok se nenadno nije pretrgla prenavijena opruga. Malo kasnije zabava je nastavljena uz zvuke okarine.

Niko nije znao dokle je zabava potrajala i kad i kako završila, jer je cijelo selo spavalo. Samo, ujutro su našli pobljuvane pragove Dopolavora i krivudave tragove guma od bicikla na cesti; pred zoru je bilo hladno (kako je primjetila popadija), i mora da su zadarske gospođice, neispavane i s mukom u želucu, cvokotale zubima vozeći se natrag u grad, onako u majicama i kratkim hlačama. Stanica je spavala do u poodmaklo doba jutra, i karabinijeri su dosta kasno izišli u patrolu. A malo zatim iz stanice su se odjedanput začuli krikovi, ciktanje, ridanje. Mićko i Ilijica, koji su se već po drugi put navraćali s mlijekom, uprav su se zatekli u blizini kad je to izbilo, i odmah skočili za zid ograde

---

[1] Pjenušavo vino.

pa odatle motrili scenu što se odigravala iza rešetkastog prozora, ali nisu tačno shvatili što se događa. Samo im je ostala u pameti slika: Eulalija u ružičastom kombinezonu sa naramenicama od niska staklenih draguljčića, s jako upalim udubinama nad ključnim kostima, ridala je i tresla se kao prut, tako da su joj raščešljani bičevi kose treptali poput živih zmija; držala je pod grlom nož s valovitom linijom oštrice kojim se reže kruh i pravila hitrim jezivim tremolom kretnju kao da se kolje; Đona se hvatao za glavu, htio da čupa svoju rudastu kosu, klečao očajnički sklopljenih ruku koje se kaju, obećavaju, zaklinju. Scena je bila uzbudljiva i vrlo napeta, i imala je u sebi nečeg fakirskog.

Zatim se sve smirilo, zavladala je opet mrtva tišina, i tog jutra nije se više čulo ni lupanje zabajona, ni cvrčanje kajgane, ni pjesma parobroda u magli. A sutradan već nije više bilo Eulalije. Niko nije vidio kad je otpirila.

— Tako Smiljevci ni tog puta ne dobiše učitelja — upade Ićan u refleksije. — Ovo je selo u tome slabe sreće: ja mislim da je pobrojiti sve učitelje koje smo imali, lijepo tamo od svetog Sáve pa do te Grimàndelovice, usve ih ne bi nabrojio više od šest, dajbudi sedam!...

Nešto kasnije, u padu Italije, Zadruga je izgorjela. Zapališe je Nijemci, da se u njoj ne bi ugnijezdili „rebeli". Sad je, šupljih prozora i pocrnjelih pragova, tonula u travinu, posred opaljenih i ogrizenih borova. Pred njom je još stajao Milin spomenik, zapušten i malko osamljen; cementna mu obljepa ispucala i mjestimično olupljena; izdaljega je izgledao kao česma kojoj je presušila voda.

— ...I tad — završio je Ićan priču — uzmem ja opet onu kamenicu i postavim je na staro mjesto, tamo pred Miguda, gdje i sad stoji, i gdje je stajala otkad je svijeta i vijeka, još od vremenâ popa Adama, koji je imao devet kćeri, i od njih devet osam lijepo poudavao, sve za glavare i popove, samo deveta, Milojka, krenula po vragu!...

XVI

— A kakav je bio taj Đona? — iskušavali su Zadrani Ićana.

— Paaa... kako bi' vam kazao? Nije baš najbolji, a nije opet ni najgori, kakvih je bivalo po drugim selima. Vrag bi ga znao! Kadikad je dobre volje — lice mu se sjaji, oči mu vesele, pjeva u stanici da se sve ori. Kad rekne: „mama mija!" — dođe ti kao dijete. Sretne klapčića što nosi popadiji mlijeko, pa ga pomiluje po glavi, reče mu: „pikulo berekino." Prođe cestom, stane i gleda kako mi podrezujemo vinograd, pa se raspriča, pokazuje kako kod njih to rade (veli, tamo dižu loze visoko, na taklje, sve kao odrina), pa stane divaniti o kući, o ocu, o materi — čisto mu suze zaigraju u očima. A drugi put — bože oslobodi! Uapse li koga, zatvori ga u oni šljepić u stanici, pa mu pritiska palce na zjenice, ugoni mu oči u glavu — on, svojim rukama!... Preobrazi se u licu, ne bi ga prepoznao — sasvim drugi čovjek, pa eto. I to ne, reći ćemo, čovjek se naljutio, razbjesnio, nego, velim vam, čisto drugi čovjek; ajmo reći: ovaj ne zna ono što je onaj prvi znao.

— Kako to? — upita šjor Karlo zainteresiranim nerazumijevanjem.

— Pa eto kako: jednog dana premetnu kuću Skokni i Jokiću. Vraćaju se otuda, odzapad, idu cestom, veseli, praznih ruku — biti će im odozgo naredilo da premetnu, pa izvršili naređenje — i mirna Bosna. Prolaze, velju, pored nas — mi uprav zagrćemo kukuruze — a jedan od nas upita: „Pa onda? Nađoste li šta?" — „Nema nista" — odgovara on i maše rukom — to kâ reći da nijesu našli ništa. I to isto kazâ i popadiji, i Rudanu, i onom njiovom Đovanelu iz Zadra štono bio na općini u Žagrovcu. I nije ih ni uapsio. Kad — što ćeš ti viđeti — poslije tri-četiri dana, dođu neki u zoru kamionom, uhvate Skoknu i Jokića, odvedu ih tamo u Matića gaj i onđe, niže Turskog greba, strijeljaju ih. „Zašto, pobogu brate!" pita selo. „Našli smo im neki dan kod premetačine u kući oružje: pušku, bombe..." „A kakvu pušku, a kakve bombe, tako ti Spasitelja! Ta jeste li prošli mimo nas praznih ruku, ta jeste li manuli ‚nema nista', ta jeste li rekli i popadiji, i Rudanu, i onom Đovanelu od općine da ne nađoste ništa! Da ste kod njih uistinu našli bombe i puške, zar ih ne bi bili odmah uapsili i odagnali u Zadar?!" — A jok! Zaboravio on ono. I čisto, reći ću vam, meni se čini da sade baš vjeruje da je naša pušku i bombe, nekako preokrenulo mu se u glavi i onoga se više ne sjeća — vrag neka ga razumije!

Ićan dohvati ugarak i pripali cigaretu smotanu u krajičak novinskog papira.

— A već pred konac, opet — dâaa...! razlika je! Došâ mek, sa svakim lijepo divani, svakog pozdravi. Tada nam je pričao da su njegovi stari došli iz Ingleške — veli zvali su se Džoni, Džoni — tako nekako, smiješno! — Pokunjili se, muče, bazaju po stanici i gledaju u zemlju — svêdno kâ muve u jesen. I kad su unajzad odlazili, govori on svojim karabinijerima: „*Ragaci*[1] (tako ih je zvao kad nije bio ljutit) — *ragaci*, veli, napustili su nas svi, i sam Bog! Izdali su nas Nijemci! Moramo se pokoriti jačoj sili!" — Tako divani, a niko ih još ne goni.

I onda, naša dva klapca dođu im pred stanicu s nekakvim puščetinama: ajde, pakuj! nosi glavu, a sve drugo ostavljaj! — Oni si lijepo skupe, uzmu u ranac ono nešto svoga vlaštenoga i otiđu, a ostave sve ostalo što je bilo u stanici, ćebad, spremu, sve. Poslije to narod razgrabi.

— A kažeš da je govorio da je starinom Englez, *Johnny?*

— Džoni, veli — tako se zvao onaj prvi od njegova roda što je došâ odozgo iz Ingleške — sad ja ne znam je li mu to bilo ime ili prezime.

— *Johnny, Johnny!* — smijali su se nagorko Zadrani.

---

[1] Momci.

XVII

Lina uleti u sobu gdje su šile Lizeta i Anita, sva zadihana:
— Znate li što je novo?
— Što?? — upitaju živo obe žene dignuvši naglo glavu s rada i zadržavši dah; Anita pored toga načas skide naočare.
— Odlaze Rudanovi!
Žene se odadmu, razočarane. Ipak, Lizeta procijedi sa slabim interesovanjem:
— Zbilja?
Anita joj dobaci preko naočara jedan blijed pogled i jedva primjetno uzdahne. To je značilo: siroto dijete! u ovoj zabiti i odlazak Rudanovih za nju postaje neki događaj!
Lina ispriča kako je srela Rudanovku, svu uparađenu, gdje ide k popadiji da se oprosti — sigurno će domalo i k njima.

Doista, malo kasnije zabubnjaju po kamenju avlije koraci novih potpetica i na pragu se pojavi Rudanovka, umivena, počešljane kose kojoj je krajeve splela u neke sasvim tanke pleteničice sklupčane na potiljku, u dobro uščuvanom gradskom kaputu od modrog dijagonalnog štofa i u novim čvrstim polucipelama od crnog boksa. Anita jednim samim znalačkim pogledom obuhvati sve to; zapazi da je taj dijagonalni kaput s opuzlim ramenima pravi još širom u kukovima, a taj dojam pojačava ona frizura koja joj utanjuje glavu i zašiljuje nos. Ustale su joj u susret s prijaznim osmijehom. Rudanovka se rukovala snažno, po oficirsku, kako se već rukuje u novom kaputu. Ispričala im je da joj je muž konačno dobio namještenje u Benkovcu, kao magaziner u autobusnom poduzeću, da kreću u podne eda bi putovali za toplog i vidnog dijela dana, i da nose sobom samo najnužnije, a da će po krupnije komade jednom doći kamionom, kad se bude moglo. Sve su joj to odobrile kao potpuno razumno. Na rastanku su se ponovo rukovale. Opraštajući se, Rudanovka završi riječima:
— I ne zamjerite, ako je što bilo.

Građanke se milo poklone, pri čemu izmijene među sobom pogled ispod oka.

Kad iziđe Rudanovka i kad joj pete zabubnjaše po avlijskom kamenju, reče Anita:

— Ne razumijem što se tu ima da zamjeri ili ne zamjeri?! Smiješno!

— Šta ćeš, tako je valjda *kod njih* običaj!

Ko su zapravo ti „oni" kod kojih je to običaj, ne bi ni same tačno znale reći; svakako, to je bio neodređen ali vrlo prostran pojam, koji počinje kod Smiljevaca, a završava negdje tamo na Žutom moru.

— Sad smo u dužnosti da pođemo na ispraćaj — zaključe građanke.

Kola natovarena Rudanovim stvarima i čeljadi bila su spremna za odlazak, samo su još čekali kočijaša Mijata, koji se u zadnji čas prisjetio pa skoknuo u kuću po nekakve papire; računao je da uz put obavi u Benkovcu i nešto svoga posla. Konji su mu bili mrtve mrcine, ali su se ipak od duga čekanja unestrpili i svakih nekoliko časaka pregnuli bi da pođu. Tad bi najmlađi Rudan, koji je sjedio na kočijaškom sjedištu, ustao, iz sve snage povukao k sebi uzde zavezane za stubac i praveći debeo glas susprezao ih: „Eeeee!"

U kolima, raširenim i produbljenim koliko god se moglo, bila je natovarena sva sitnija imovina Rudanova; na vrhu svega uzvisio se mali bosanski štednjak, poskakujući kod svakog pokreta, nemiran kao kozle. Svako od Rudanovih držao je u ruci po kokoš ili pile kojim su ih darovale seljanke; svi svježe podšišani kod seoskog brice, colavog Trivuna, sa bjeličastim ošišanim rubom, izgledali su upola radosno upola zbunjeno, kao djeca kad se vraćaju s darovima sa čestitanja kod tetke udate u bogatu kuću.

Pošto doskaka i Mijat, gurajući šakom nešto u unutrašnji džep kaputa, i pošto sjede na kola i preuze uzde, još jednom se ispozdravljaše sa svima — i kola krenuše.

Ostade praznina u mjestu gdje su stajala kola, i praznina u razgovoru. Tek kad odmakoše stotinjak koraka, benasti Glićo htjede da zapečati:

— E! duše mi, nikad više u našem selu 'vakog... 'vakog... — nije umio da završi, jer se obično tako govori kad odlazi dugogodišnji pop ili učitelj.

— Šta „'vakog", čega „'vakog"?! — obrecnu se na nj Markan, koji je dotle stajao mrgodno malo po strani, s neočekivanom žestinom u naglasku.

— ...'Vakog ćojeka — eto ti!! — grmnu Glićo sretno se prisjetivši.

Markan samo odape:

— Ih!! — i pljunu. Ali u ta dva slova ležalo je više jeda nego što bi stalo u čitavom dugom govoru.

Rudan je, naime, još za stare države, jednom uhvatio Markana na granici u sitnom švercu, dovukao ga u stanicu i neljudski nalemao. Markan je to uvijek brižljivo tajio iz stida, a Rudan iz opreza. I za gotovo tri godine, koliko je Rudan probavio u Smiljevcima, oni su se susretali s osjećajem nelagodnosti, obarali oči k zemlji i ni jedanput jedan drugome ne pogleda u lice. Ta stalna zebnjica sputavala je Rudana sve to vrijeme i činila da njegovo ophođenje sa svakim bude meko i obazrivo, čuvajući ga od opasnosti da u bilo čemu, pa ma i u srdačnosti, pređe neke granice. I vjerovatno je baš tome imao da zahvali za miran život i dobar glas koje je u tom selu uživao.

— Nigđe neće biti njima kao ovđe, vjeruj ti meni — procijedi žuti Jolo, s prizvukom zluradosti, kao u prilog Markanu.

— Bogme, kako im bude, tako nek im bude! — zaključi sasvim nesentimentalno Stevanija, plećata cura prignječena nosa i debelih listova, s kablom pod rukom, koja se tu slučajno našla idući na vodu. Pa se odvrnu i zabatrga dalje na Paripovac. Za njom se polako raziđoše i ostali.

XVIII

Poštar iz Žagrovca donese za popadiju zvanično pismo. Bilo je to rješenje kojim joj odbijaju molbu za penziju — valjda pedesetu u nizu molbi koje je neumorno upravljala najrazličitijim vlastima, svakog mjeseca po jednu, pozivajući se na sve moguće i nemoguće osnove. Tek tada neko se sjeti da je već drugi dan niti ko vidje, niti začu da koga zaziva s prozora, niti srete gdje prolazi selom sa svojom zdjelicom da ukupi malo mlijeka. Pošalju dijete da vidi što je s njom. Dijete se vrati s izvještajem „bome eno spava — ja sam je zvao, ali se ne odazivlje".

Šjor Karlo i Ićan uspu se u kuću. Stara je sjedila za stolom, lagano nagnute glave, onako kako je svakog jutra običavala prodrijemati na stolici; na nosu joj malko spuznuli naočari sa prebijenim krakom prevezanim bijelim koncem, u ruci joj nož kojim je trijebila zelje, a u krilu hrpica zelja, već podosta provenula; sam leš, naprotiv — kako je bila okošta i kako se posljednjih godina napostila — bio je još sasvim svjež i bez zadaha. Šjor Karlo i Ićan opet sađu.

— Mrtva, bome — kâ mrtva! — objavi Ićan sakupljenima.

— Nu! 'es' vidio! — javi se neko iz gomile.

Svima se učini kao sretan slučaj ili kao od samog Boga poslan znak to što je poštar jutros donio za nju list — činilo im se da bi, bez toga, stara bila mogla da odspava i vječni san a da se niko ne bi sjetio. Sad se popašte kao da žele da nadoknade uprazno proteklo vrijeme. Stanu se dogovarati šta treba da rade. Građani se osjetiše u dužnosti da se, iz neke solidarnosti, zauzmu oko pogreba osobe građanske ruke bez ikoga od bližih; a možda ponešto i od duga vremena. Prva im je misao bila da bi trebalo kome telegrafirati. Izgledalo im je kao da bez telegrafiranja smrtni slučaj nije potpun; naročito ženske to prihvate sa žarom. Ali Ićan sumnjičavo zavrti glavom; nije se moglo razumjeti zašto, no vidjelo se da mu to ne miriše; možda mu se činilo da to spada u katolički obred.

— Mani, brate moj, gdje ćeš ti sad telegrafirati! — odbijao je odmahujući rukom kao da je to teško izvediva stvar i tonom kao da kaže „Bog visoko — car daleko".

— Ali, zaboga, trebalo bi ipak nekog obavijestiti, nekome brzojaviti...

— Ali k o m e ćeš brzojaviti, bogom te kumim! Da bi kćerima — ko će sad znati đe su one, u ovom metežu; da bi njemu (mislio je na Milutina), nije vajde: brzojavljaj ludu a teletu — ista ti je stvar!

Nije bilo kud kamo, građani se moradoše odreći brzojavljanja.

— Trebalo bi onda dovesti popa — navaljuju opet građani, načinom kao da prave popust.

— Ih! Daj ti sad bože popa! Gđe ćeš ga naći? Ta ima li evo već tri godine da se mi i kopamo i rađamo bez popa, otkadgod je umra kaluđer, stari Savatija.

Najzad se sporazume na tome da bi trebalo pozvati seljanke koje su sa starom bile u prisnijim vezama — one koje su joj izlišavale mjericu mlijeka — da je urede i obuku.

Ali ni to nije išlo tako glatko. Prosto da čovjek ne vjeruje: u cijelom selu nije se mogla naći ni jedna jedina raspoloživa žena: jedna je uprav mijesila kruh za ručak poslenicima; druga je uganula nogu, a osim toga nije tome „pratika"; treća je otišla u pohode rodbini u Podgradinu; četvrta je „kuljava", a kuljavoj je ženi to „ubetno"; a peta, stara Mitra, „odbazala, sam vrag zna gđe, za svojim tučićima". Čak ni Vajka nije mogla da se primi jer je spopala „neka muka u žličici — bog bi ga znao od čega!", pa se sva presumitila i samo stenje kod ognjišta.

U tim pregovorima već je i sunce počelo zapadati; sad je svim ostalim razlozima pristupio još jedan, najglavniji: ko će to sad, u noć! I tako se stvar morala ostaviti za sutradan. — Stara je, međutim, i tu noć provela za stolom, s naočarima na nosu, s nožićem u ruci i sa zeljem na krilu.

Sutradan zarana Anita i Lizeta upru energično, te sklone Vajku (kojoj je bilo tekice bolje) i Mitru (koja se vratila, sa svojim tučićima) da pođu s njima i da pod njihovim nadzorom staru urede. Po uputima građanki, seljanke je obuku kako se najbolje moglo; dovuku iz sobe-ambara veliki sto, opet postave pod kraću nogu opeku, i to nekako maskiraju, zahvaljujući Anitinu ukusu, zgodnim draperijama. Razastru na sto ponjavu i na nj polože staru. U dvije vaze koje su se našle u kredencu utaknu po grančicu ruzmarina, utrgnutog u forgartenu nove škole, čelo glave joj postave ikonu svetog Đurđa s aždajom od krokodiljih kofera, krsnu slavu oca joj Tane Samardžije — i upale dvije žute, ratne voštanice. Dok su se oko toga bavile, šušnu papir: one se lecnu i osvrnu: to je pala razglednica sa Patrijaršijom, poslednja vijest od kćeri kapetanice iz Beograda, stigla kratko vrijeme pred rat, prije gotovo tri godine. Učini im se da u tome jest nešto — nešto čudno, kao neko znamenje; ali nisu pravo znale što. Zataknu opet dopisnicu za staklo kredenca. Uredivši sve to oko stare, s vrata bace još jedan pogled na čitavu sliku i prilično zadovoljne, odu.

Međutim su šjor Karlo i Ernesto s Ićanom uzeli na se muški dio pogrebne brige. Morić sa kćeri bio je u Zadru i trebalo se vratiti tek sutradan, a Goloba nisu ni pozvali u pomoć, jer se od njega, onako smetena i tunjava, nisu mogli nadati velikoj koristi; osim toga, ko zna bi li ga žena pustila.

I tu naiđu na sto muka. Najprije nije bilo dasaka za lijes. Jedva pronađu, na popadijinu tavanu, plitki sanduk u kojem su stigla stakla kad su se ostakljivali prozori „nove škole". Ićan se poduhvati da će od njega skrojiti „kapsu"; omjerao ga je sa svih strana, mahao ćutke glavom, obilazio ga okolo naokolo.

— Neće izaći, bojati se — primjeti neko iz grupe ljudi, koji su sjedili u blizini pušeći i pljucketajući.

— 'Oće, nekako — promrsi Ićan. U tom „nekako" ležalo je sve rješenje teškoće.

Ićan se prihvati posla. Besplatno, dakako — a i ko bi platio, za siroticu! Ali u besplatnost nije uključeno i to da se radi suha grla. I kod najpotpunije besplatnosti uvijek ima neko ili nešto („škola", „zadruga", „općina", „crkva") u čiju korist ili na čiju čast ili za čiji obraz se radi, i tad je prirodno da taj i poji onog koji radi. Ali ko ovdje, kod ove sirotice, naručuje pogreb? Kome je njen pogreb na koristi? Raditi, u ovakvom slučaju, bez plaće hajde, bože pomozi — on od toga ne bježi. Ali raditi suha grla, to, bogami, nije u redu, pa neka kaže ko šta hoće! A ko da poji? — Bogme selo — ko će drugi? Ko plaća štetu kojoj se ne zna krivca, ko daje popu bir, ko plaća za zvonjavu protiv krupi — nego selo! Ali daj ti napuni bukaru od sela, kad je selo stoglavo i bezglavo! — I tako Ićan natoči iz vlastite bačve pola bukare, ostalo nadoli vode. Pa reče „nek joj je za dušu!", pa otpi prvi gutljaj, pa pljunu među dlanove, pa dohvati pilu i reče još „pomoz' bože" — pa započe rad. Preko natpisa *Oprezno! Ne tumbaj!* povuče nekoliko puta blanjom, ali kako se mastilo upilo duboko u jelovinu, ne izbrisa se sasvim. Tada se prisjeti pa okrenu dasku s natpisom prema unutra.

Oko sata po podne „kapsa" je bila gotova. Ićan je nakrivio glavu i gledao „kapsu" izbijajući blanji sječivo, no bez riječi samopohvale; ali drugi — oni koji su sjedili na zidiću i pušili — begenisali su mu posao: „ko će ka on!" Bilo što se nije pouzdavao da je iz osnova prekroji, bilo što mu se nije dalo da se uvali u velik posao, Ićan se ograničio da „kapsu" pokrati i nešto suzi, tako da je uglavnom sačuvala, u smanjenom formatu, oblik i razmerja sanduka od kojeg je postala, i sličila mu kao ždrijebe kobili.

— Eeeee, sad je vrijeme da se ruča — reče Ićan te pokupi alat i pođe u kuću.

— A kad ćemo je pokopati? — upita za njim šjor Karlo.

— Kad? A đe su kola, đe su konji, đe iskopan grob?

— Pa to se sve može još po podne! — navaljivao je šjor Karlo.

— Daaa... Đe je to! Sad je kratak dan — dok ručaš, jesi li se samo okrenuo, već je mrak. Nema o tome divana — danas! A sutra — to je druga stvar.

Građani se, premda teška srca, moradoše s tim pomiriti. Da nekako zatrpaju tu nepredviđeno nastalu rupu u vremenu, Anita i Lizeta organiziraju muškarce i djecu kolonije da staroj popadiji odadu počast ophodom oko odra; tako neće trebati da je svi ispraćaju do groblja. Poruče Vidošićima da je stara umrla i da, ako žele, mogu doći („mada, kakvi su, tu pažnju ne bi zasluživali"). Golobi — valja priznati — dođoše sami, čim su čuli vijest. Uračunavši i mlađariju — Linu, dva Goloba — stvar je mogla da ispadne prilično decentno.

Kad su uredili sve predradnje, Anita i Lizeta odu da se dotjeraju. Izvade iz kofera u papir zamotane antilop cipele, urede i malko nakovrčaju kosu, uzmu svaka po jedan čist rupčić — od onih malih, ženama neophodno potrebitih rupčića sa mnogo čipke i malo korisnog prostora, koji i ne služe za drugo nego da se gnjecaju među prstima i da se njima simbolički otiru suze. Ugodno se iznenade vidjevši da su se Morići vratili iz Zadra i da su već tu, a ugledaše i Vidošiće gdje idu putem; stvar će, dakle, ispasti još i bolje nego su očekivale. Zadovoljstvo koje im je to pričinilo osjetiše kao nagradu za svoj trud.

Ušle su tiho i zadržale se časak-dva na ulazu, skrstivši na želucu ruke u kojima su držale tašne i promatrajući sliku nekako izvanjski, objektivno, gotovo radoznalo, kao da sve to nije djelo njihovih ruku. (Doista, stara je popadija u svemu tome vrlo malo doprinijela: samo što je, trijebeći zelje, malko priklonila glavu na rame i spustila ruku s nožićem u krilo. A i to malo što je od svoje strane učinila, učinila je skroz nenamjerno, slučajno: i inače je ona običavala na po jutra malko prodrijemati, i da je samo imala kakvu malu misao, kakav mali nemir koji bi joj podržavao nit budnosti ne dozvoljavajući joj da se sasvim preda drijemu — mlijeko na vatri za koje strepi da ne prekipi ili žene u susjednoj sobi koje raščešljavaju vunu i koje uhom nadzire da što ne ukradu — zacijelo stara ne bi bila dopustila da se ta nit prekine i da je drijemež prevari do te mjere da to već bude nepovratno.) Stajale su tako na vratima koliko bi čovjek odmjereno odbrojio četrnaest. Zatim su izvadile iz tašna one rupčiće, sasvim lagano škljocnule zatvaračem, i diskretno se useknule. Bilo bi deplasirano da su, za tako starom i gotovo sasvim tuđom osobom, brisale suze ili držale rupčić pod nosom: ali useknuti se — toliko bar dugujemo svakom ljudskom stvoru našeg staleža. Potom su se pokrenule i izvršile ophod oko odra, pa obašavši ga, opet časkom zastale podno nogu, prekrstile se po svome zakonu — i izišle.

Sve je to obavljeno u redu i kako treba — onako kako su vidjele da se to radi kad je ubijeni zadarski prefekt bio izložen u prefekturi i kad je čitav grad odavao počast takvim ophodom; samo što je onda, naravno, bilo sve to mnogo svečanije i sjajnije. Ali za selo i za današnje prilike mnogo je ako se postiglo i ovoliko. Za ženama, poučeni njihovim primjerom, učinili su to isto, samo nešto uprošćenije, i muškarci.

Kad su nakon toga izišli, zadržali su se dolje pred kućom kratko vrijeme u razgovoru s Vidošićima, koji im kao uz put saopćiše da su napravili molbu za odlazak u Italiju i da svakog dana očekuju rješenje. Oprostiše se i odoše ne osvrćući se, ona sa svojim kanarinskim džemperom preko ruke i povijajući se lagano u bokovima, a on griskajući slamčicu koju je uz put utrgnuo.

Predveče šjor Karlo, Ernesto i Morić odu opet gore u popadijin stan i prosjede razgovarajući uz prozor na stubištu jedno pola sata, u vidu nekog skraćenog bdjenja, a s Ićanom urede da Vajka i Mitra bdiju uz pokojnicu. Kasnije domilješe, jedna po jedna, i druge žene iz sela, pa se završe pravo posijelo. Čulo se iz kuhinje kako djeca tuckaju na podu hrpicu oraha, koje su stariji pronašli u sobi-ambaru i predali djeci, kao neko malo podušje. Iz mnogog tuckanja izlegla se na koncu tek šakica jezgre, jer su orasi bili stari i šuplji, darovani popadiji još preklani i od nje škrto šteđeni i do smrti dočuvani uz pregor vlastitih crijeva koja su ponekad krulila od posta.

Morić ode ranije kući jer je bio umoran od puta. I šjor Karlo i Ernesto upute se na počinak. Ali učine tu pogrešku da se jave Ićanu.

— Dakle, ujutro ćemo je, ako bog da, pokopati, a?

Ićan zavrti glavom onim svojim poznatim načinom koji je Zadrane obeshrabrivao.

— Hm, bože daj, ali bojati se je. Teško ćeš sad naći konje i kola. Da meni kojom srećom nije proljetos crka onaj moj, ne bi trebalo tražiti...

— Pa što, neće valjda ostati nepokopana!... — upade Ernesto malčice nervirano.

— Ih! Kaki nepokopana, budi bog s vama! Grehota je to i govoriti! Kršteno čeljade — pa ostati nepokopano! Đe se to ikad čulo i viđelo!...

— Ali ja vidim da se niko ne miče. Pitam ja ko bi se pobrinuo da slučajno nismo ovdje mi Zadrani.

— Pa valaj bi neko, nisu ni dosad kod nas ljudi ostajali nepokopani!

— 'Ajde, 'ajde, vidit ćemo sutra — prekrati pomirljivo šjor Karlo.
— Vidićemo, ako budemo živi, i ja velju. Laka vam noć!...

XIX

Raspršio im se san. Ernesto isprati šjor-Karla do „nove škole".
— *Che paesi, che paesi!*[1] — uzdahnu šjor Karlo. Misao mu je letila na Alto Adiđe. — Ko bi ih razumio!
Prošetaju još dva-tri puta gore-dolje ispraćajući jedan drugoga, pa se rastadoše i odoše na spavanje. Ernesto — blagoslovena narav! — uskoro zaspe. A šjor Karlo dugo se vrtio po krevetu i razmišljao. Eto, dakle, i treći dan je na pomolu — peti od dana smrti — a još su uvijek u neizvjesnosti kako će je i kad će je staviti pod zemlju! Dugo se mučio tom brigom u koju su se nesmotreno uvalili, pa najzad upade u neki polusan u kojem su se miješale realne misli i nesuvisle slike sna. U tom polusnu, rasla je do opsesije misao o popadijinoj nesahranjivosti, i mrtva starica poprimala je vid oličene tvrdoglavosti i inata. — Koga smo se vraga u tu stvar petljali! — spočitavao je sebi šjor Karlo — i to mi, kao stranci, koji u stvari nemamo s njom ništa zajedničko, koji smo je upoznali pred nepuna dva mjeseca!... — Sad mu se činilo jasno da su ih seljani, na svoj podmukli, lukavi način, nasamarili, uvalili ih u jedan posao za koji su unaprijed dobro znali da je neizvediv, uklet, i od kojeg su se zato sami dobro čuvali. A ko se u nj upetljao, taj je na neki način uzeo čitavu stvar na sebe, obvezao se da će izvršiti to što je nemoguće. I niko od tih prokletih seljaka ni da bi prstom maknuo! Samo sjede na zidiću, polako, lijeno razgovaraju, pljucketaju, gledaju kako se drugi muče i trčkaraju, kako grade lijes, kako postavljaju staru na odar. Licemjerno se zgražaju i krste kad što spomeneš: „Nije lijepo ni

---
[1] Kakvih li krajeva!

čuti takvu riječ: krštenom čeljadetu ne dati pogreba — bože mi prosti!" A niko se ne miče, sve očekuju jedan od drugoga da će nešto učiniti. Možda se čak — ko zna? — pod maskom svoje prostodušne indiferencije, zlurado vesele, u sebi trljaju ruke što su građani zaglibili u to. Opet se vraćao na misao: a što bi bilo da nas nema tu, da nismo ni došli u Smiljevce? ko bi je tad pokopao? — I priviđala mu se slika stare koju su seljani ostavili mrtvu u kući, i ne maknuvši je s mjesta, da vjekuje ondje na stolici, s naočarima na nosu i sa zeljem u krilu. Kroza nju prorasta trava iz poda, a oni krišom ulaze u kuću da što ukradu, da odnesu što im treba — kapke s prozora, drvenu građu, kvake s vrata — obilaze oprezno oko nje koja sjedi mrtva za stolom i paze samo da se nje ne dotaknu, da je ne sruše kako je ne bi morali opet dizati i posađivati na stolicu. I tako su malo-pomalo razrijeli sve, raskrili krov, rastočili kuću kao termiti, pa kasnije ulaze u nju samo zato da po uglovima vrše nuždu (jer seljaci — o tome se je imao prilike uvjeriti — po ružnu vremenu vole da vrše nuždu na zatvorenu, u kakvoj napuštenoj ili izgorjeloj kući). A ona svejednako sjedi na stolici, raspada se, s naočarima na krnjem nosu gole lubanje.

Usnuo je tek pred zoru, snom koji ne odmara.

Anita i Lizeta sjedile su same kod ognjišta dugo poslije nego je Ernesto zaspao i razgovarale o svojim poslovima — njih nije trla briga, one su svoj dio posla izvršile, riješile se obaveze. Samo, kad se u neko doba iz popove kuće oglasi nekakvo zapijevanje — naricanje — (žene na bdjenju pronašle su mali demižon nekog kvasnog vina koje su popadiji darovali još u jesen i koje je ona pomalo trošila i kao kvasinu i kao vino, pa se napile), od njihova bugarenja spopade građanke grdna čama.

— Ali to uopće nije plakanje, to nije žaljenje — to ne sliči ni na što! Jesi li primijetila — obrati se Lizeti — kad seljaci za nekim žale, po njihovom žaljenju nikako ne možeš razumjeti ni ko je umro — mlad ili star, čovjek ili žena — ni u kojem im je stepenu srodstva, ni da li im je uopće u rodu; kukaju sve onako bez reda, neumjereno, obilato, pretjerano. Istina, sad se više ni u gradu na to tako strogo ne pazi, ali u moje vrijeme i u tome se znao red, mjera, pristojnost.

Građanke umuknu slušajući naricaljku seoskih žena. Anita se zamisli. Da, nekad se i u tome znao red. Nisu to bila stroga pravila, ali postojao je neki osjećaj — nešto kao ukus — koji je u tom rukovodio, jednako kao i u njenom krojačkom zanatu, i kazivao što odgovara a što ne odgovara, što kome pristaje i što ne pristaje. I po tom osjećaju, po tom ukusu, čovjek je nepogrešivo pogađao pravu mjeru, osjećao na vlas svaku nijansu... Da, znalo se nekad!... Po tim nepisanim pravilima koja je diktirao ukus, a koja su važila u njene dane, ridalo se samo za bračnim drugom, ako je brak mlađi od godine dana, ili najviše do 18 mjeseci, i za vjerenikom, ako su postojale formalne zaruke; iznimno, i bez formalnih zaruka, među umjetnički taknutim svijetom (kad je zaručnik nosio dugu kosu i kravatu *lavallière;* u tom je slučaju čak vjerenica mogla koračati za sprovodom sa raspletenom kosom). Za vjerenikom ili suprugom sa štucanim brcima, kosom potšišanom „četkasto" i sa očalima na štipaljku — za čovjekom od energična izgleda i od aktentašc — ni u kojem slučaju nije se ridalo, nego jednostavno plakalo; a ako je prešao 55 godina, eventualno i samo suzilo. Isto tako, suzilo se za zetom, za dobrim poslodavcem kod koga smo u službi dulje od 3 godine, za mužem najbolje prijateljice (naravno, ako nije bivao grub prema njoj), te eventualno za svakim dobrim čovjekom koji za sobom ostavlja troje ili više djece. Što se tiče jecanja, jecanje uopće nije jedan stil (i zato, kad neko počne da kontinuirano jeca, prekinu ga, kao čovjeka koji je krivo zapjevao). Jecaj se upotrebljava pojedinačno, kao *pizzicato*, na tačno određenim mjestima: kad pop intonira nazalno „*requiem aeternam...*"; kad se začuju prvi kucaji čekića koji prikucavaju poklopac lijesa; u času kad četiri crna čovjeka (s onim groznim crnim epoletama s resama!) odignu lijes sa poda; ili kad lijes — crn, uglat, naoko nepokretan — zalebdi gotovo bez težine na užetima u zraku nad otvorenom rakom, kao da pluta. I možda još u dva do tri takva slučaja.

Cmizdri, na primjer, baka za djedom i obratno; cvili stara kućna služavka za ma kojim članom porodice. Ali uopće, u dvojbi je za preporuku suziti; to nikad neće biti tako premalo da bi se neko mogao uvrijediti, a nikad tako previše da bi se moglo reći: „Oh, bože, ta što joj samo pada na pamet!" Dakle, u dvojbi — suziti; uvijek bolje malo manje nego malo previše. A šmrcati — to je uopće nepripustivo: šmrca prostija čeljad i stariji muškarci, penzioneri; mjesto toga, žene i bolji svijet se useknjuju.

Bilo je već jako kasno kad su se rastale. Anita je otcolatala kući, a Lizeta je ostala s tužnim mislima: muž je spavao, cijela je kuća spavala, a njoj se činilo da je, onako sitna, lako uzbudljiva i krhka, potpuno sama u toj noći, sama u svijetu, izgubljena kao bubica u svemiru. Svukla se, osjetila hlad po golim rukama i ramenima, navukla spavaću košulju, prekrstila se, nagnula nad kolica i poljubila Špižmicu, pa legla. Zene iz popove kuće još su bugarile, na prekide, i malko posustale. Osjeti da neće moći usnuti; ustade, uze k sebi u postelju Špižmicu i poče je ljubakati u mraku; najprije tiho, da je ne bi probudila, a zatim učestano, sa sve većim žarom, uzalud se trudeći da suspregne i utiša tu pomamu — dok najzad ne oćuti vlažnu toplinu po obrazima. Prođe dlanom po licu i skoro se iznenadi, bila je sva u suzama. Korila se zbog njih, nazivala samu sebe ludom, ali one su i dalje tekle, bezrazložno i nezadrživo.

XX

Ujutro, šjor Karlo ustade rano; bio je riješen da uzme čvrsto stvar u ruke i da je ne pušta dok ne svrši. Odmah upregne Ićana, s takvom upornošću i energijom, da ovaj nije mogao da se izvuče. Održa ljudima koji su sjedili na kamenju pred Zadrugom mali govor, i pobra nepodijeljeno odobravanje. Opet su govorili: „Ta kako bi to moglo da bude da kršteno čeljade ostane bez pogreba! Ta da je nepoznat čovjek, da je prosjak nađen mrtav pokraj puta — a nekmoli svoj! Toga se još nije čulo ni viđelo!"

— Da, da, to je sve lijepo, ali *intano*,[1] ona još leži gore! — uzvrati šjor Karlo i upre prstom u kuću.

— A znaš kako je — ljudi su u poslu, neko simo neko tamo... —

— Kaki u poslu, brate; koliko je to, bogu moj mili, povesti je na groblje — po ure tamo i natrag! — založi se jedan koji nema konja ni kola. Tad i Ićan ponovi onu sinoćnju:

— Ne bi mene, vjere mi, trebalo moliti da proljetos nije crka onaj moj.

— E, e! da nije moje digla Talija, ne bi mi sad tražili kod drugoga! — suzbija Mile koji neće da zaostane za Ićanom.

Ali stvar se, i pored svega toga, nije micala s mrtve tačke. Ima blizu dva sata da su poslali Gliću da zareda po kućama, i još se ne vraća.

— Vidi! I baš ste izabrali benastog Gliću da ide tražiti! Jeste pametni!

— Nu! A zašto onda ti nisi otiša?!

— E, c! Ncmoj ti jopc' tako!

Najzad, malo pred podne, eto i Gliće. Ide tarući maramom čelo, oznojio se od obigravanja.

— Eto sam obišao i selo i polje — pa ništa! Mijatovi su konji na paši, lijepo tamo u Gredicami; Nikolin kar[2] razvaljen; Stevanov onaj lisac 'rama na zadnju nogu — nagrdio se neki dan kad je vozio kotao iz Posedarja. Stana Todorova veli da ne smije bez muža, a on jutros zorom krenuo biciklom u Benkovac — rekoše mu da tamo ima naći lemešâ.

— Da si se sjetio upitati u Lukača.

— Pitao sam i u njega. On kaže da ne brani onog svog riđana, ali nema orme — pozajmio je Davidu da odveze u mlin.

---
[1] Međutim.
[2] Seljačka kola na konjsku zapregu.

— A Petrina?
— Petrina je još jučer otišao u Sukošan po klak — možda će i noć dok se on vrati.
— Hm! Što ćeš sad?! — izbaci jedan izražavajući time zajedničku brigu. Ali šjor Karlo osjeti kao da to ide njega.
Još je najviše izgleda davala kombinacija s Mijatom. Pošalju dječaka u polje po Mijatove konje. Neki su otišli na ručak i već se vratili na sedeljku pred Zadrugu, a od dječaka još ni glasa.
— Što bi s njim da ga još nema? — upita onaj na kome je bio red, jer dotad nije još ništa progovorio.
— Ko zna, bit će se zagovorio s djecom u polju pa možda i zaboravio rašta je poslan — nalazio je sasvim neutješljivo objašnjenje colavi Trivun.
Lizeta i Anita izađu na prag i upitaju:
— Ima li šta?
— Ali!... — odmahne šjor Karlo beznadnom gestom ruke.
Žene se opet mučaljivo povuku u kuću. Dobivao se utisak da unutra mole za povoljan ishod stvari.
Srećom, oko dva sata po podne zatutnjaše kola... Svi poustajaše i istegnuše vratove izgledajući. To se Petrina vraćao iz Sukošana, stoji u kolima punim negašena vapna i bjesno goni, prilično nakresan. Nekolicina digne ruke u znak da stane, ali nije mogao odmah ustaviti razigrane konje već projuri mimo njih i zaustavi se malo podalje. Ljudi pritrče kolima. Objasne mu, govoreći svi u jedan mah, kakva je nezgoda s pogrebom. Kad mu spomenuše popadiju, počeša se iza uha kao da se nečeg prisjetio.

— Ajte, ja ću je povesti kad niko neće, oštiju vam vašu! Vas dva — pokaza na dva mlađa iz grupe dokonih — uzmite lopate pa dopanite prečacem na groblje i iskopajte jamu, a ja ću dok izbacim klak ukrcati staru pa me evo za vama.
Uhvati ostale dokonjake da mu pomognu izbaciti vapno iz kola; tome se nisu mogli izmaknuti. Tek tad šjor Karlo i Ernesto pođu da nešto na brzinu progutaju, pa odatle

ravno u Petrininu avliju. Kad je vapno bilo iskrcano, Petrina reče: „Eto me odma' ", i uđe u kuću. Čekali su strpljivo, zadovoljni što je ispalo i ovako. Međutim je Petrina u kući ručao natenane. Poslije jedno pola sata šjor Karlo ga zazva, a on odgovori: „Eto me odma', eto me odma'." Šetkali su po dvorištu gledajući jednu prpavu kokoš potpuno gola vrata.

— Kaže Petrina da je ne bi dao za deset drugih — objasni im neko.

Dosadila im već i prpava kokoš. Šjor Karlo je pogledivao na sat pa u sunce, i tapkao nogama.

— Oj Petrinaaaa!... — viknu jedan od seljaka smilovavši se na šjor-Karlov nemir.

— Eto me, eto idem!...

Nakon desetak minuta izađe tarući rukavom usta.

— Sad ćemo mi to, ajn-cvaj!

Ukrcaju lijes bez većih neprilika. Pozadi sjednu na ogradu kola šjor Karlo i Ernesto, Ićan čučnu na pod. Petrina potjera kao da vozi svatove. Iz kola je dimio prah živog kreča i ujedao za oči. Zadrani htjedoše potapšati Petrinu po ramenu da uspori, ali im Ićan podmignu i odmahnu: „Manite, zaludu je to s njim — on ne zna nego ovako ili nikako." Oni slegnu plećima i poćute.

Na jednom uskom zaokretu susretoše se s kolima iz drugog sela koja su se vraćala iz mlina natovarena mlivom. Jedva se mimoiđoše. Kola s mlivom zastadoše; starkelja koji je gonio, očito nagluh, gledao je za njima otvorenih usta.

— Samljeo ti, â? — dreknu mu Ićan.
— Samljeo. A što vi vozite?
— Popadiju.

Stari ostade s izrazom nerazumijevanja na licu. I prstom naćuli uho.

— Po-pa-di-ju! — ponovi Ićan; ali je već orljava kola pokrivala njegov glas i stari shvati još manje nego prvi put. Opazi da se na Petrininim kolima otpustila mačka pa se vuče po zemlji i odskakuje od kamenja zvečeći. Povika za njima, bez izgleda da će ga čuti:

— Otpusti vam se mačka! — i pokaza bičem.

Ićan razumje, ali odmahnu rukom — „dobro je i ovako!"

Skrenuše nepreoranom njivom. Bila je to njiva starog Vasilja Dupora koji je sa svojom staricom još čamio u logoru zato što su mu oba sina otišla „u šumu", a selo je provalilo njegovu ogradu i tuda prekratilo put do groblja. Strn visoko žnjevena ječma strugao je dno kola; točkovi su se sada vozili mekše, s manje potresa. Pregaziše iždikao trak kupine, koji se za njima opet ispravi i osta njišući se.

Petrina viknu: „Eeeeee!..." — i stadoše. Bili su na groblju.

Jama je čekala iskopana; dva kopača sjedila su u njoj oslonjena o lopate i pušila. Sva šestorica zajedno skinu lijes s kola i spuste ga u raku, prekrste se, bace po grumen zemlje, pa kopači zariju lopate u hrpu i počnu nabacivati.

— Stan'te čas! — zadrža ih Petrina.

Izvadi iz njedara pismo koje su mu još prije petnaestak dana predali za popadiju na pošti u Žagrovcu, a on zaboravio da joj izruči. Njime je uprava šibenske ludnice javljala popadiji da je prilikom posljednjeg bombardmana pogođen jedan paviljon i da je, između ostalih 56 umobolnika, poginuo i njen sin Milutin M. Radojlović.

Petrina sađe u jamu, uvuče pismo između dvije letve i ubaci ga unutra, kao u poštansko sanduče.

— Što je to? — upita neko.

— Ništa, to ja i ona znamo! — odvrati Petrina odbacujući na šalu.

Raka je uskoro bila zatrpana.

— Eto joj. Dosta se i naživila! — isprati je Ićan, osjetivši da joj na rastanku treba da kaže nešto utješljivo. Ali građanima je to valjda zazvučalo malko cinično, jer se pogledaše.

Lopatama plosimice pozbiju humak. Kad je i to bilo gotovo, Ićan reče još:

— Sad je mirna.

Kopači skoče u kola s Petrinom. Zadrani volješe da se vrate pješke; Ićan pristade s njima. Sunce je zapadalo. Velika, rujna kugla bez topline tonula je sporo u tmaste oblake, i duge sjenke padale su preko puta.

— *Cosi finiremo tutti!*[1] — reče šjor Karlo Ernestu, na talijanskom i nekako povjerljivo, kao da je to stvar koja se tiče samo njih dvojice, ili koja se njih dvojice tiče na neki poseban način, i koju drugi ne treba da znadu.

Prolazeći mimo popadijinu kuću, baciše pogled na nju. Tek sad im se učinila prazna, potpuno, konačno prazna. I kao da se ta praznina vidjela i izvana, kao da je bila oblijepljena po zidovima, poput bijelih plakata.

XXI

Kroz sav novembar i prvu polovicu decembra pružila se topla jesen. Sjali su suhi i tihi sunčani dani — tek tu i tamo prošarala bi kratkotrajna i nejaka burica, to toliko da se podrži vedro vrijeme. U savršeno prozirnom zraku obrisi stvari svijetlili su jasni i čisti; sve tamo do krajnje linije zrenika nigdje ništa zamagljeno ili rasplinuto, nigdje kakve nejasne mrlje s koje bi kljucnula u srcu klica zebnje: sve je izgledalo čisto i bez tajne. I vedre daljine postajale su nekako bliske, svoje, sasvim razvidne i otvorene oku.

Izbjeglice su još hodale po selu u starim sandalama sa nešto debljim čarapama i u sportskim majicama pod iznošenim jesenjim kaputom. Štedjeli su bolje odijelo za svijetli dan ponovnog ulaska u grad. Jedino je šjor Karlo održavao svoju toaletu na jednom pristojnom stepenu: nosio je još uvijek ogrlicu ali bez kravate (našao je da ta polumjera najprikladnije odgovara za selo), a sat mu je još uvijek visio o srebrnom lancu, koji nije zamijenio, kao Narcizo Golob, nekakvom uzicom. Žene su se, pak, sve držale uredno; Anita nije ni za vlas popustila u svojoj gradskoj dotjeranosti, održavanoj s onom brižljivom pažnjom prema vlastitoj osobi, tako karakterističnom za ljepoticu u počivci. Često su kuhali na otvorenu, na tronošcu u avliji, da izbje-

---
[1] Tako ćemo završiti svi!

gnu nesnosni dim „vatrene kuće".

U takvim okolnostima, njihov je boravak u Smiljevcima imao u sebi nešto skautskog i bio još prilično snošljiv, pa ga je šjor Karlo okrstio „zimskim ljetovanjem". Naziv je prihvaćen od svih, a kod Line je izazvao nesrazmjerno veliku veselost: svježina njene reakcije odavala je da uživa valjda po prvi put u dražima oksimorona. I Ićanu se naziv, rekbi, svidio, jer bi mu kasnije katkad, sasvim bez veze, pao na um te bi se nasmijao: „Kako ono reče šjor Karlo: ni ljeto ni zima — tako nekako smiješno."

Za lijepih popodneva sjedili su u prisoju osjećajući na pogrbljenim leđima dobru toplinu koja je zračila iz mrkog zida Ićanove kuće. Samo su sutoni bili malko tužni: sunce je pred zalaz nekako porastalo, postajalo ogromno i crveno, i tonulo u daleku i jedva vidljivu svjetlucavu prugu mora, s nekom konačnom riješenošću, kao da tone zauvijek. Razgoren zapad dugo je premirao i opet se žario; možda je baš sporost tog gašenja davala osjećaj nepovratnog. U takve čase naročito je Lina postajala razboljeno nujna; upiljila bi se u taj zapad, rasijana, mučaljiva, i sasvim bi se prekinula veza između nje i njenog druga Alda Goloba, koji je i dalje bezbrižno čučao i zabavljao se remeteći slamkom mravlju litiju. Seoskim putem valjao se gust i trom oblak prašine koji je nosio u sebi krdo ovaca; iz njega je dopirao prigušen usitnjeni topot hiljade papaka i vijao miris sjere. Ovčije blejanje u taj razgoren zapad bilo je nekako nemoćno i zvučalo je kao žal za suncem koje odlazi.

Veze sa domaćinima bile su nekad srdačnije, nekad hladnije, ali uvijek bez zategnutosti i trvenja. Kad bi se opazilo da se malko pogoršavaju, građanke bi se povukle nešto dublje u stav „svak za se", pa bi, prije ili kasnije, opet nužno naišao momenat toplijih odnosa. I jedni i drugi bili su uviđavni prema djeci, i s djecom su bivali uvijek, i u momentima ohlađenja, otvoreniji i nešto topliji. Tako, djeca su predstavljala neki most za popravljanje odnosa među starijima. Nakon više dana namuštenosti, Ićanova bi Marija, na primjer, odjednom donijela tek saneseno jaje za Špižmicu. Poslije toga, naravno, i Jekina i Jovo dobili bi po dva-tri keksa od aprovizacije koju je Ernesto dovukao iz Zadra. Građani su uredno plaćali najam, mlijeko i drugo. Ali seljaci su taj novac primali bez zadovoljstva i zadržavali ga dugo na dlanu, izražavajući time mučke njegovu danas slabu moć i ograničenu upotrebljivost. Bili su naročito gladni odjeće i uvijek se preporučali za „štogod topla", ali su u tome i građani oskudijevali i malo su šta mogli da odvoje od onih prnja koje su iščeprkali ispod svojih ruševina. Poklonili bi djeci dvije čarape različite boje ili kakav stari ženski šešir koji bi djeca natukla na glavu i pod njim dva dana glavinjala po avliji, a treći dan šešir bi osvanuo na đubrištu.

Nego, sve je spasavao Ićan svojom sretnom prirodom i svojom lijenom, pomirljivom gestom. On je kao mekim dodirom ruke sve izglađivao i ležerno rješavao sva pitanja u nekom višem, vedrom ništavilu. Neugodne obrte stvarnosti začinjao je i propraćao svojim nemarnim, nezavršenim rečenicama: „sve će to, bolan, lako...", „ne brini, samo bože zdravlja pa će biti svega". Što će to i po čemu biti „lako", i kad će i kome biti „svega" — to je ostajalo neobjašnjeno, ali u tome je baš i ležala široka i odmarajuća blagost tih riječi. On je svaku situaciju ublažavao i omekšavao samim svojim prisustvom, kao što more ublažava suhu žegu i oštru zimu nekih predjela. Naročito kad bi se malko napio bivao je srdačan i mio, pa bi naveče pokucao Donerovima na vrata i ostao s Ernestom i šjor-Karlom u razgovoru do u kasnu noć. A kad bi otišao, oni bi njegov odlazak popratili:

— Uistinu je dobar čovjek!

S druge strane, šjor Karlo je malo-pomalo i kod seljana stekao uvaženje i simpatije, i oni su ga smatrali kao glavu i starješinu izbjeglica.

— 'Est, vjere mi, baš je duševan, *ljudevit* čovjek!... — govorio je o njemu stari Glićo svakom prilikom.

Dok su god Zadrani bili kod njega, Ićanu nije nikad ponestalo duhana, a za Miguda su ostavljane ne samo spirine, nego i odveć žižičav grašak i makaroni u kojima su se ugnijezdili crvi, a takve su nerijetko sljedovali u baraci aprovizacije u Zadru. Čak su i Anita i Lina veći dio ostataka donosile krišom za Miguda, prikraćujući time, s malim grizodušjem, prase udovice Kalapać. A Ićan je, od svoje strane, uzvraćao koliko je god mogao, i, u času razdraganosti, praveći predviđanja „kako će se platiti Migud", uvijek zaključivao: „E, ako bog dâ, bit će jedna plećka i za Špižmicu!"

XXII

Anitu je mučilo pitanje Line. Djevojci je bilo dosadno. Lunjala je selom, od jedne izbjegličke kuće do druge, u potrazi za kakvom razonodom. Ili bi se izvalila na ležaj i provela tako nekoliko sati zureći u čađavi strop i fantazirajući. A onda bi opet skočila na noge, pod naletom nove potrebe djelanja, pa snova klonula, sa svojim neizvedivim zamislima i svojim uzaludnim pregnućem. Razloga nespokojstvu davalo je i njezino nježno zdravlje.

Anitina briga postade briga čitave „Ićanove grupe". Radosno su dočekivali svaku prigodu u kojoj se djevojka mogla da razonodi i zabavi. Zato, na njeno navaljivanje, jedne nedjelje pristanu, i protiv vlastitom uvjerenju, da se prošetaju do gornjeg sela gdje su bili Vidošićevi. Kad stigoše tamo, doznadu da su Vidošići još prošle sedmice otputovali za Italiju.

Vraćali su se kući pokunjeni.

— Zamisli! niti se kome javili, niti s kim oprostili!

— Možda su onu posjetu prilikom pogreba popadije smatrali kao oproštajnu posjetu — sjećaš li se da su nešto natucali o odlasku?

— Bože, kako samoživih ljudi ima na svijetu!

— Takvi su vam već ljudi koji nemaju djece, misle samo na sebe i ni na koga drugoga! — izbaci nepromišljeno Lizeta.

— Pardon, ni ja nemam djece — upade šjor Karlo — pa opet nisam takav... to jest, bar mislim da nisam takav!...

— Ali zaboga, o čemu vi to, šjor Karlo! — pohitaše da ublaže u jedan glas Ernesto i Lizeta. — Ta vi ste nešto sasvim drugo!...

— Da, šjor Karlo je nešto sasvim drugo!... — dometne

s odmjerenom težinom Anita koja se poštapala zaostajući za njima.

Slijedeće nedjelje, da taj neuspjeh izravnaju, odluče se za jedan veći izlet: na Gradinu. „To treba svakako da obiđemo, prije nego odemo odavle; bila bi šteta da propustimo" — zaključili su složno. Dogovore se s Morićima i s Golobima, ručaju sasvim rano, i upute se na Gradinu, drevni rimski *Brebentium*.

Ićan je nosio Špižmicu. Lina je likovala od radosti, sa svojim širokim slamnatim šeširićem na glavi, a Anita je rado podnosila napor uspinjanja, tješeći se pomišlju da će to prijati Lini. Jer, još lani je liječnik bio Lini preporučio dobru hranu i čist zrak, a po mogućnosti i boravak u kakvom mjestu na „srednjoj visini". Malko zabrinuta liječnikovim preporukama i opširnim Anitinim objašnjenjima, Lina je, u prvo vrijeme, živjela strogo po propisu, onako kao što se hoda po nategnutoj žici. Postupala je prema sebi samoj s nekim poštovanjem, kao da je, otkrivši u sebi bolest, otkrila jednu dotad nepoznatu vrijednost. Imala je osjećaj da u sebi nosi krhku dragocjenost: balon od vrlo tankog stakla koji bi mogao prsnuti od jačeg dodira, nesmotrenijeg pokreta, trzaja glavom, glasnije riječi. Otada ih je zahvatio fanatizam hranjivosti i čistog zraka. Jaja, maslac, mlijeko podnošeni su Lini na tasi, iznenada, kao iz busije, na neke čudne i nepredviđene sate dana, i ona je to gutala pobožno, gotovo sasvim neprožvakano, i po mogućnosti tako da ne osjeti ukusa, na neki naročiti način, kao da šalje ravno u pluća a ne u želudac. „Čisti zrak" postao je nešto rafinirano, bez mirisa i bez ukusa, nešto slično dijeti bez soli, koja ne daje užitak ali daje zdravlja, nešto što se, zbog te svoje koncentrirane čistote, uzimlje na žličici kao lijek, nešto što se guta ozbiljna lica i što ponire duboko u nas, do u kosti, do u petu, poput životvorne „prane". I to udisanje — to je nadasve važno! — trebalo je vršiti sabrano, jer ako se diše rasijano, od toga nema nikakve koristi: takvo nesabrano i slučajno disanje vrijedi taman koliko i da se uopće ne diše. Anita se radovala nad svakim s mukom pribavljenim zalogajem, nad svakim udisajem „čistog zraka" koji je djevojci omogućila.

A jedna takva dobra prilika pružala se eto uprav tim izletom na Gradinu, koja je položena baš „srednje visoko". Jer ako tri ili četiri mjeseca provedena na „srednje visokom" zraku donose ozdravljenje, čitavo ozdravljenje odjednom — tad nesumnjivo i svaki pojedini zalogaj i svaki pojedini udisaj nužno donose jedan mali srazmjerni dio tog ozdravljenja. I tad i to treba pribavljati onako kako se može i kako svijet „srednje ruke" jedino i pribavlja, to jest mučno i sa žrtvom kao i sve drugo u životu, na obroke, nizom strpljivih sitnih nastojanja, odricanja, napora. Razglobivši tako „liječenje" na hiljadu malih dragovoljnih djelanja, pažnja i žrtava koje je svakodnevno nizala na nit neprekidne skrbi, Anita je ujedno i svoju vruću želju za Lininim ozdravljenjem usitnila u kusur mnogobrojnih malih radosti i zadovoljstava. Sjala je od sreće zbog osjećaja ispunjene dužnosti nad svakim usrkanim udisajem i nad svakim momentom Linine radosti i dobra raspoloženja koji su se odražavali u sumnjivom rumenilu obraza i u blistavosti očiju — u onoj zažarenoj euforiji, u onom zadihanom ushitu, koje je Anita tumačila kao bujnost i žar sretne mladosti, kao znak životne otpornosti mlada organizma.

I danas, pod uplivom njene živahne veselosti i sretnog osmijeha, posmatrala je stvar sasvim optimistički. Gledajući je onako tananu i plavu, ovdje, u suncu, na zraku, odnosila se mnogo pomirljivije prema nježnosti njenog zdravlja (koja se, u stvari, sva sastoji u tome što joj je potreban „srednje visinski zrak") i odnekud joj se činilo da to, uz njenu plavetnost i tananost, upotpunjava Linin nordijski tip.

Oko dva sata poslije podne bilo je dobro pripeklo u prisoju. Ićan je proricao da je to konac lijepih vremena i da će uskoro nadoći kiše. Penjući se uzbrdo podosta su se zaduvali; a Lini, koja se istrčavala ispred svih razmahujući nekom utrgnutom suvom stabljikom kao da juriša na glavicu, i uz to vičući i pjevajući, ponestalo je daha i, za jedan časak, gotovo joj pozlilo. Mučno su joj se izdizale grudi a sljepoočice i bjelkaste malje brčića orosile joj se sitnim graškama. Ali brzo priskoči šjor Karlo i pokaza im kako se u takvim prigodama rashlađuje i oblakšava: pokvasi joj žile na rukama vodom iz termos-flaše — i sve je opet bilo u redu. Objasnio im je da se tako prakticira u vrućem pojasu, kod kolonijalnih trupa. Svi odmah uvidješe tačnost njegovih riječi, jer im sinuše neka sjećanja iz filmova o legiji stranaca. Doduše, opit bi bio daleko efektniji u julu ili avgustu, ali što se može! — sve u svemu, dobro je bilo i ovako; treba se zadovoljiti s onim što jest — u tome je sva filozofija života. Doskočiti zlu — svagdje gdje se ono pojavi i za onoliko za koliko se pojavi — to je šjor-Karlu bilo zadovoljstvo i užitak. A ako se zlo pojavi samo u ograničenoj mjeri, ako ono nije veće nego što jest — pa ako je, prema tome, i njegov zahvat nužno ograničen i skroman to nije njegova krivica.

Jer šjor Karlo nije bio od onih koji bi htjeli da se sve zlo naprosto zbriše sa lica zemlje. Ne. On je bio za slobodnu utakmicu dobra i zla, uvjeren da na koncu mora da pobijedi dobro, za koje, zbog sve većeg tehničkog napretka, radi vrijeme. Da postoji zlo, ali da postoji i brz, tačno primjeren utuk tom zlu, to mu se činilo daleko savršenije, naprednije nego prosto i puko nepostojanje zla. Poklopiti zlo naročito smišljenim pomagalom — hap — kao tačno priljubljenim poklopcem ili mrežom za leptire — to je tek nešto! Nek se čovjek kod brijanja poreže — ali neka je i hemostatična olovka odmah tu! Neka ujede otrovnica — ali neka je već gotova i šprica sa protuotrovom. U toj vječitoj borbi između boga tmine i boga svjetlosti, između zatucano tvrdoglavog zla i naučenjački uporne metodičnosti dobra, u tome da se svakog časa, na svakom koraku bolest pobija lijekom, zlo pobjeđuje dobrom, u tom spretnom doskakivanju zlu, u tom neprestanom skakanju mačku na rep — on je gledao pobjedu kulture nad amorfnom prirodom, pobjedu smišljenosti, tehnike nad slijepim prirodnim silama.

Gore na Gradini nisu našli ništa osim nekoliko izvaljenih velikih kamenova, utonulih u ledinu. Čobani koji su tuda pasli ovce na njihova zapitkivanja nisu im znali ništa drugo reći nego da je ta Gradina tu od starine — još od Turaka! — i pokazali su im kamen na kojem je, vele, jedan turski paša odsijecao glave: u tome se sastojala sva živa mjesna tradicija o drevnom *Brebentiumu*. Rekoše im i to da je prije bio tu jedan još veći kamen na kojem je paša odsijecao glave, ali da ga je odvukao lani Špirkan Alavanja kad je gradio pojatu.

U zamjenu za tu mršavost arheološkog nalaza, izletnici su otkrili da odozgo sa Gradine puca upravo jedinstven pogled na more, na otoke pred Zadrom, na zalaz sunca u daljini, i da se dolje u nizini Zadar vidi „kao na tanjiru".

Vraćali su se umorni i zadovoljni, s onim tihim zadovoljstvom ljudi koji znadu da su pohranili u dušu jednu lijepu uspomenu. Jer mnogo se tog i ne radi nego zato da postane lijepa uspomena. Stvari po sebi bez kakva naročita značenja i težine, bez nekog naročitog sadržaja radosti i sreće, s vremenom postaju one „lijepe uspomene" nad kojima nam katkad zablista oko. — „Ima cvijeća koje miriše tek onda kad se sasuši."

Naši su se izletnici, dakle, vraćali raspoloženi i bezbrižno veseli. Lina je plela vjenčiće od nekakvih bljedoljubičastih cvjetića i stavljala ih na glavu, a Anita ju je raznježeno motrila ispod oka.

Šjor Karlo i Ernesto zaostali s Ićanom za drugima i utonuli u ozbiljne muškaračke razgovore. Postavili ga u sredinu — nisu sad pazili na ceremonijal, ili su možda baš htjeli da podvuku kako ne prave razlike između sebe i njega. Šjor Karlo se navratio na bijedne prilike ovih sela i pričao o dostojnijem životu kojim žive seljaci po drugim, razvijenim zemljama.

— A što Vi mislite, šjor Karlo, 'oće li ikad i nama ovđe, po ovijem našim selima, malko svanuti? 'Oćemo li ikad i mi ovđe poživjeti tekice bolje, kâ ljudi? Ovi neki naši (Zadrani odmah razumješe da tim misli na one koji su otišli u šumu) poručuju: „Drž'te se, izdurajte još ovo malo pa će sve biti drukčije, sve će se to izmijeniti, popraviti." Pa baš sam više puta ćio Vas pitati: što Vi o tome mislite, 'oće li iz toga što biti?

Šjor Karlo i Ernesto letimično se pogledaše iza Ićanovih leđa. — Lukav je seljak! Ni jednome od njih ne možeš vjerovati! — značio je taj pogled. Šjor Karlo odgovori taktično:

— Sve može da bude dobro, ako ljudi dobro i pošteno misle. Ako se poštuje vlast, ako svak radi svoj posao, ako je seljak — seljak, činovnik — činovnik, oficir — oficir a pop — pop, tad je sve u redu. Ali ako svi hoćemo da komandiramo, ako svi hoćemo da se miješamo u visoku politiku, he, bogami, ja mislim da bi to bila luda kuća u kojoj se ne bi znalo ni ko pije ni ko plaća, i tad nikome ne bi bilo dobro.

— Ma i ja sam tako nekako mislio — požuri da se saglasi Ićan. — Gđe je to: motika da piše a pero da kopa! — Ali time nije uspio da sasvim zbriše pobuđeno nepovjerenje.

Prođoše mimo kuće Milenka Katića i svratiše k njemu. Primio ih je obradovano i prijazno, pokazao im svoje gospodarstvo, okrečen voćnjak, mladi vinograd, a zatim ih uveo u veliku sobu na spratu, kao neku blagovaonicu za svečane prilike u kojoj je visjelo nekoliko svetiteljskih i patriotskih oleografija, a nad stolom petrolejski luster. Građani su se pogledavali s izrazom zadovoljstva nad tim civilnijim kutom koji su otkrili u ovom selu. Milenko je obigravao oko stola i nalijevao im „žutice"; bila je tek nešto malo mutna i malčice nakisela, što je uostalom bolje gasilo žeđ. Svi su hvalili to „pravo domaće vino", tako da je na koncu i sam Milenko morao da popusti od svoje skromnosti i da se suzdržano pridruži pohvalama:

— A jest, pravo reći, do prilike je; da nije zericu *ciknulo*,[1] ovakvog vina ne bi bilo u cijeloj općini.

Uz vino muški povedu razgovor o općim prilikama.

— Ali recite mi vi, moj šjor-Karlo, koji ste čovjek od svijeta i koji ste škole učili, zašto ovi ratovi, ova nevaljalstva, ovi zli ljudi? Zašto sve ovo? Zašto ne bi čovjek mogao lijepo živjeti na svome, gledati da unapredi kako zna i može svoj žitak, paziti na svoju korist i u drugo ne pačati? — žedno je pitao Milenko upirući one slatke oči u šjor-Karla. A i šjor-Karlu zavodnilo oko nad dobrotom čovjeka, pa ushićeno potvrđuje:

— Tako je, moj Milenko, tako je! Tako govore svi poš-

---

[1] Počelo da se kvaši.

teni ljudi, gdje ih god ima! Svi se pitaju: zašto rat? zašto sve ovo zlo? — U zaključku mu je povjerio svoje tvrdo uvjerenje da će, na koncu, ipak pobijediti „stranka poštenih".

Lini pade na um da pišu dopisnice. Milenko i tu doskoči te pronađe nekoliko razglednica s *„Hercegovačkim robljem"* i s *„Takovskim ustankom"*, podosta uprljanih od muha. Pisali su znancima rasturenim po Italiji, na neke sasvim nepouzdane adrese, a šjor Karlo uze na se da dopisnice dostavi na poštu u Žagrovac, i spremi ih u džep. Rastadoše se najsrdačnije. Milenko ih je ispratio do praga, dugo im treskao ruke među svojim vlažnim dlanovima i razvlačio neke beskonačne oproštajne pozdrave, nešto kao govor. Kućne su žene na njegov mig ugurale Lizeti u torbicu nekoliko svježih jaja za Špižmicu. Dugo su Zadrani mahali rukama u pozdrav, a Milenko sa praga odmahivao kapom.

Zaključiše da je Milenko nedvojbeno najbolji čovjek u selu, bolji čak i od Ićana, utoliko što je širih vidika i civilnijih nastojanja.

Lini se od popijene pola čaše vina maglilo u glavi. Dva mlada Goloba kupila su u kapu spuže. Ernesto je spotičući se o kamenje oputine pjevao neku vrlo komičnu pjesmu za koju niko prije nije znao, i svi su se previjali od smijeha; a pokazalo se da i stari Morić, inače uvijek ozbiljan, znade hiljadu vragolija: tako je umio mrdati uhom i samim nabiranjem bora na čelu namicati šešir na oči ili ga zabacivati na potiljak. I Narcizo Golob htio je da nešto pokaže: odlično je oponašao kukurijek pijevca, ali ga je žena smjesta suspregla, i on se pokorio. Klatili su se umorni, razdragani od zimskoga sunca i *ciknutog* vina; za čarape su im se uhvatili nekakvi sitni čički i prosuha stoklasa, i žalili su jedino što sobom nisu imali fotografski aparat pa da ovjekovječe taj dan. Anita je bila sustala preko mjere, ali nije odavala da ne bi kvarila zadovoljstvo drugima. No šjor-Karlovu oku to nije izmaklo: prišao joj je i pružio ruku podržavajući je kod težih prelaza. Zbog toga su malo zaostali iza drugih, koji su s vremena na vrijeme zastajali i iščekivali ih, pogledavajući se sa značajnim i dobrostivim osmijehom.

Bio je već mrak kad su stigli u selo. Srdačno su se ra-

zišli i zadovoljno polijegali. Svlačeći se, Lizeta zaključi dan s refleksijom:
— Eto se i bez Vidošićevih da sasvim lijepo živjeti!

XXIII

U subotu — sutradan po izletu na Gradinu — dođe glas da je u Žagrovac stigao vojvoda Dule sa svojim četnicima i da poručuje da cijelo selo ujutro dođe na zbor — jao onome ko izostane!

Za Zadrane nastade problem da li treba da idu i oni. Doduše, njih se čitava stvar malo ticala — oni pravo i ne znadu ko su i što su ti blaženi četnici — ali su se bojali da svojim tuđenjem koga ne uvrijede i da se to ne shvati kao demonstrativan akt. Pretresali su cijelo jutro. Najzad ipak prevlada mišljenje da treba da pođu; šjor Karlo je tumačio da se to od njihove strane, kao gostiju i tako reći stranaca, nikako neće moći da tumači kao pristajanje uz četničku politiku, već jedino kao čin dužne pažnje na koji ih obavezuje pravo azila koje uživaju. Stvar će biti tim manje napadna što je svetak i lijepo vrijeme, pa može da se uzme i jednostavno kao šetnja koja se slučajno podudara sa mjestom i danom zbora. A pošto i u Žagrovcu ima grupa zadarskih izbjeglica (istina, njima gotovo nepoznatih), u najgorem slučaju moći će da svoj pohod prikažu kao posjetu sugrađanima.

Riješe dakle da se ide. Narciso Golob promumlja nekakav neodređeni načelni pristanak, jer se još nije bio sporazumio sa šjorom Terezom; ali ujutro mjesto njega banu Aldo i Bepica, opremljeni za izlet, s porukom da tata ne može da dođe jer ga je nešto zabolio želudac. Morić i Marijana bili su i ovog puta u Zadru. Lina se obradovala novoj prilici za veseo izlet, pa Anita i sad napravi žrtvu i pristade uz društvo. Ićan ih u zadnji čas iznevjeri: s večeri je bio obrekao da će i on s njima, a ujutro kad ustadoše Vajka im reče da je još zorom morao nekim važnim poslom u Podgradinu. I tako, mada teška srca, krenuše bez njega.

Kad stigoše u Žagrovac, zahvati ih i ponese struja svijeta koja se kretala prema općinskoj zgradi. Tako su i oni zapali u vijećnicu i saslušali govor vojvode Duleta. Prostorija je bila nabijena narodom. Zrak oteščao od jakog seljačkog mirisa po znoju i dimu. Probivši se do u dno dvorane, da budu manje na udaru, Zadrani su bili potisnuti jednim morem pogurenih leđa: svud ispred sebe vidjeli su samo talase tih leđa, leđa u modrim kotarskim koporanima, u nategnutim košuljama uskih ramena, u dronjavim gradskim kaputima; strpljivih, svedenih leđa, jakih i mirnih kao volujski vratovi, punih neke uspavane, pasivne snage. A iz leđa su se pružale opaljene šije s dubokim unakrsnim borama i oble glave odsutna i slabo zainteresirana izraza, koje su slušale s onom istom pomirenom snuždenošću s kojom slušaju i u crkvi kad im se čita evanđelje, i u vojsci kad im se čita naredba, i na sudu kad im se čita presuda. Vojvoda Dule govorio je dubokim prvosveštenjičkim glasom, udarajući se korbačem od volujske žile po sari čizama, sav obrastao u crnu bradu i s janjećom šubarom na dugoj kosi. Aldo i Bepica propinjali su se na prste i pružali glave da vide ukrštenu kamu i pištolj na zelenoj čoji stola; činilo im se da prisustvuju nekoj ritualnoj svečanosti crvenokožaca. Kad je najzad vojvoda Dule završio govor i izdignuo korbač pozivajući prisutne da polože zakletvu, more leđa lagano se zatalasa i iz njih iznikne i mlohavo se pruži po jedna ruka sa trima čvornovatim prstima. Izgubljeni u toj šumi podignutih desnica, Zadrani ne imadoše kud kamo već i oni podignu tri prsta i pokušaju da ponavljaju čudne riječi zakletve. Mrsili su pod nos te nerazumljive riječi, trudeći se da što vjernije reproduciraju bar njihov ritam — praznu košuljicu njihova zvuka. Na značajnijim mjestima teškoća je bivala još veća, jer su morali da u isti mah pojačaju i gromoglasnost i nerazgovijetnost povika, a činilo im se da je vojvoda upro pogled u njihova usta.

Izašli su malko ošamućeni i dublje udahnuli. Pripaljujući cigaretu, Ernesto se našali:

— Jesmo se mi Dalmatinci nazaklinjali kao niko drugi!

Ali da ćemo i ovu zakletvu morati da damo, to, bogami, niko ne bi bio mogao predvidjeti!

No Lizeti nije bilo do šale: od emocije i od njene stare malokrvnosti spopala ju je užasna migrena. Kajala se što je pošla od kuće i samo ponavljala: „Znala sam ja da nisu za mene ovakve stvari." Svi su tačno razumjeli koja je ta vrsta stvari među koje je ubrajala i četničku zakletvu.

Svijet se rasturao po mjestu. Krčme su vrvjele kao košnice. Iz jedne krčmar iznese janje na ražnju, ravno s vatre, i osloni ga o prag.

— Hajde da se prolumpamo, kad se već tako desilo! — predloži Ernesto, i svi odmah prihvatiše, osim Lizete koja se skanjivala. Ali Linino oduševljenje prevlada Lizetinu neodlučnost. Razmezete malo pečenja i litru vina. Domišljali su se što znači da žagrovačka kolonija izbjeglica nije prisustvovala zakletvi i pitali se nisu li se istrčali time što su došli. Od krčmara doznadu da su zadarske izbjeglice na stanu u onoj zadnjoj kući, poslije mlina, na putu za Smiljevce, i da rijetko dolaze u mjesto.

Kad se ljudi u krčmi razuzuriše i stadoše nadvikivati kucajući se zamućenih očiju i prelijevajući po stolu vino iz punih čaša, i kad se kod crkve — oko onih nekoliko čempresa podšišanih do blizu vrha, za slavoluke, đurđevske uranke i za metle za gumno — povede kolo; kad niz pijana lica poče da se roni pokoja suza radosnica a vani po mjestu da odjekuje pokoji hitac veselnik, Zadrani pomisle da će biti pametno da pođu.

Oni podmire svoj skromni račun, i krenu put Smiljevaca.

XXIV

Noć je bila vedra.

Putem se šjor Karlo — valjda razmišljajući o današnjoj zakletvi i o drugim čudnim i neslućenim stvarima koje su u posljednje vrijeme doživjeli — navratio na svoju omiljenu temu: kako nije potrebno da čovjek putuje na kraj svijeta pa da doživi nešto neobično. „Jer — govorio je — ljudi su ljudi i život je život na svakom mjestu kugle zemaljske." Razlagao je kako nam se život, i pored njegove prividne jednoličnosti, ako se samo malo dublje i pozornije razmotri, pokazuje u stvari vrlo složen, pun neočekivanog i, ukoliko samo nije tragičan, vrlo zanimljiv. Da stoga, na koncu konca, čovjek može da doživi u Smiljevcima ili u Žagrovcu neke čudne i neobjašnjive stvari i da dođe u svakojake situacije, ne manje nego u San Francisku ili u Jokohami.

Približavajući se „zadnjoj kući poslije mlina", zapitaju se da li da se jave sugrađanima. U dvorištu vidješe prislonjena pri zidu tri bicikla; iz kuće se razlijegao žagor. „Sigurno imaju goste iz Zadra" — reče Ernesto. To im ujedno i podraška želju da uđu i poveća skanjivanje. U tom dvoumljenju zavire na prizemni prozor. Veselo društvo bilo je u punom jeku zabave. Jedni su sjedili oko stola, pušili i pijuckali; drugi — grupa mlađarije — igrali su neke društvene igre: jedan je sjedio na stocu, okrenut licem k zidu, provukao desni dlan ispod lijevog pazuha a lijevi položio na obraz; ostali mu snažnim pljeskama podbijaju taj provučeni dlan, tako da se od svakog udarca sav strese. I igra se nastavlja sve dok on ne pogodi ko je udario, pa ga onda taj smijeni. Svaki snažniji udarac i svako promašeno pogađanje izazivlju ciku i urnebes smijeha. Ali najzad se onome na stocu učini da ga varaju; on se okrenu i izvali nešto, očevidno jako šaljivo, jer su se svi zacerekali. Izletnicima se učini poznat; govoreći podmigivao je obješenjački i dobrovoljno pravio glupavo lice, iz društvenosti i u interesu općeg raspoloženja; kad se smijao, vidjelo se da mu fali jedan prednji zub, što je tom smijehu davalo jadan izraz. Smiljevčani ga najednom prepoznaše: „Ta to je Škurinić!" — kriknu Lizeta i odbi se od prozora, gotovo užasnuta.

To im riješi dvoumljenje i oni krenu dalje.

— Bože! Kakvi su ljudi! — uskliku razočarano Lizeta.

— Kad promislite da nema ni tri mjeseca što je doživio onakvu tragediju! I sad mi je pred očima slika: onaj leš bez glave, onaj krov dječjih kolica u moru!... Bože!...

— Što ćete! — ozva se šjor Karlo iz neke zamišljenosti.

— Svi smo mi nepravedni kad sudimo. Vi ste ga vidjeli onda, pored ženina leša — odonda niste gotovo ni pomislili više na nj — i sad kad ste ga ugledali, prikazala vam se pred očima ona slika uporedo s ovom, pa vam se nekako čini kao da ta dva momenta slijede neposredno jedan za drugim. Međutim, između ta dva momenta za njega je protekla čitava jedna vječnost jada, bola, očajanja! Za ova tri mjeseca vjerovatno je toliko prepatio da mu sad izgleda kao da je ono bilo davno, davno, i u jednom drugom životu. Pa mu se opet u jednom času učini kao da je bilo juče, pa onda opet kao da je tome već deset godina...

Nastade mala šutnja. Šjor Karlo nastavi:

— Ko može znati kako mu je pri duši kad je sam, po noći, kad ne može da usne. Možda očajava, guši se u suzama — a pred ljudima misli da mora da se drži, da se pokaže jak!...

— Jeste li opazili kako štreca okom kad priča? — primijeti Ernesto. — Ja ga znam odranije — nikad prije nisam bio opazio da ima taj tik. To mu je sigurno ostalo odonda.

— Eto, ko ga vidi možda će reći: gle kako podmiguje, mangup jedan! Smije se, štreca okom, priča. A možda sve to čini samo da zaglušī ono što ga muči, ono što svaki čas hoće da grune iz njega napolje. I vjerovatno traži društvo zato što se boji ostati sam — progoni ga ona slika, pa voli da je zaokupljen čim bilo, samo da je među ljudima. A što se toliko cereka da mu udaraju suze na oči, to je po svoj prilici od oslabljenih živaca — prevlada ga smijeh kao slaba čovjeka vino... A poslije, kad opet ostane sam sa svojim mislima i uspomenama koje ga progone, vjerovatno se i zbog tog cerekanja stidi, kaje, spočitava sebi tu veselost, pa od toga još više trpi...

Opet malo pomuča, pa započe neodlučno:

— Vidite, ja sam neženja, nemam djece, mogu reći da većih udaraca i bolova u životu nisam imao. Bio sam već zreo čovjek — i te kako zreo, četrdeset i pet godina! — kad mi je umrla majka. Čitav život proveo sam s njom, od djetinjstva, nas dvoje sami — brat Kekin odlutao je u svijet još gotovo dijete. Nikad se nismo rastajali tako reći ni za jedan

dan. Poslije njene smrti počeo sam dulje ostajati naveče vani. Prijatelji su se šalili: „O-ho! naš Karlo se emancipirao, postao najzad punoljetan!" I ja sam se smijao s njima. A kad bismo se rastali i kad bih došao kući — sve u misli kako nje više nema — prolazeći mimo njezinu sobu hodao sam na prstima, tobože da je ne probudim... Navika, tako sam godinama činio... I tada, vidite, kad bih promislio: „Gle, ja hodam na prstima — a nje više nema" — od te gluposti, ili već ko bi znao od čega... eto, smiješno reći — rasplakao bih se kao dijete!

Nečujnim koracima sustiže ih postariji seljak, pogleda ih ispod oka, pa nazva:

— Pomoz' bog!

— Bog te pratio! — uzvrati mu šjor Karlo s nešto nehotične patetike u glasu, kao da mu udjeljuje punovažan blagoslov. Počekaše dok je seljak minuo.

— ...Da, nepravedni su ljudi kad sude... Imao sam druga s kojim sam godinama sjedio naveče u gostioni *Alla regina del mar*,[1] profesora Andru Saltarela — *Andrea dall' Adria*, kako je potpisivao svoje pesme — znate ga svi. Neženja, sa starom majkom — baš kao i ja, i otprilike vršnjaci — možda je bio godinu-dvije mlađi od mene. Pisao je pjesme o majci koje su mu mnogo hvalili — možda se i toga sjećate. „*O madre, madre!*... dok bludni sin luta svijetom po najdubljem kalu, ti ga na pragu čekaš čuvajući kao vestalka naš čisti dom..." — i tome slično. A kad je umrla, isklesao joj je na grobu onaj čuveni natpis u stihovima koji čitav Zadar zna napamet. I novine su tada o njoj pisale, sjećam se podliska „*La Madre del Poeta*".[2] A, vidite, on ni jedan jedini put za toliko godina nije naveče ustao od stola sat ranije da pođe k njoj. Do zadnjih godina držala je onu trafičicu u kojoj je on svakog jutra nabijao kutiju cigaretama, čak joj je doveo u kuću onu neku proskitušu bjelosvjetsku s kojom je živio u posljednje vrijeme. Govorilo se da im majka nosi ujutro kavu u postelju! A kasnije, poslije nego što je umrla, katkad nam je naveče u gostioni, kad bi se malko napio, re-

---

[1] Kod kraljice mora.
[2] Pjesnikova majka.

citirao svoje stihove o majci, pa bi mu oko zasuzilo i rekao bi ganut: „Lijepi su to stihovi! duboko proćućeni!" Ganjivao se nad svojim stihovima a ne nad majkom! Nikad nije spominjao kako je živjela u bijedi, kako se zlopatila, kako ga je ona svojom trafičicom othranila i školovala. Bijedna šjora Kezira! Kao da joj je glavna zasluga bila to što je njega — Njega! — rodila. Zato joj je odavao poštovanje, smatrao je da po njemu dobiva svoje dostojanstvo i čast, kao Mjesec od Sunca... A ja, vidite, ja sam se brinuo za svoju majku, imao sam obzira, pažnje prema njoj. Naveče, ako bih do kasnijeg sata ostao u društvu, izuvao sam cipele na stepenicama da je ne probudim. Kad je prebila nogu, mjesecima sam joj je masirao, svake večeri i svakog jutra. (I baš joj je lijepo bila zarasla, premda je bila već u godinama.) Nastojao sam da joj ugodim, da je zadovoljim. A to nije bilo baš lako; nije imala nikakvih zahtjeva, nikakvih naročitih želja — prosto nisi znao čime bi je razveselio. Jedino za čim je žudjela, to je bilo da ima što više kuhinjskih krpa, *kanavača*. Što ćete, čudno, smiješno, ali eto takva je bila! Uvijek joj se činilo da ih nema dovoljno, bojala se da joj ne ponestanu, što li! I skrivala je one nove (mislila je da ja to ne znam!), tobože da prikaže da je spala na one stare. A ja sam se, naravno, pravio kao da vjerujem, i svake subote donosio sam joj po jednu ili dvije nove kanavače. O, da ste je vidjeli! sva se sjala od zadovoljstva!... Smiješno, ponavljam, ali jedino time mogao si je obradovati... Pa opet, vidite, on je postao poznat po svome kultu prema majci — *La Madre del Poeta, O madre, madre!...* A ja sam gotovo postao smiješan zbog toga. Prijatelji su govorili: „Karlo je uvijek privezan uz maminu suknju." Na kuglanju su me zadirkivali: „Karlo, grdit će te mama ako zamažeš pantalone." „Ti si baš rođen s talentom za dobrog sina a ne za muža." Ali ne mari! Nisam ja to činio iz nekog samoljublja, da me hvale, i slično. Što sam ja, na koncu konca, imao od toga što bi stara katkad rekla svojim susjetkama: „dobar je moj Karlo" ili što mi je svaki put kad sam izlazio iz kuće govorila: „Karlo, uzmi ogrtač, prehladit ćeš se" — kao da mi je pet godina!...

Društvo se pitalo kud li je šjor Karlo zabrodio u te razgovore. Aniti je dolazio bespomoćan kao dijete, gotovo jadan — a opet joj je tim samim postajao prisniji i draži.

— ...Eto, krivo sude ljudi, olako. I po tome što sam uvijek želio da svakome budem pri ruci u nevolji, da pomognem koliko mogu, u smrtnom slučaju i slično, još su iz šale govorili: „Naš Karlo ima dara za *pizzigamorta*"[1]... Tako i neki dan, prilikom smrti stare popadije... Recite pravo, kako se moglo ostaviti jadnu staricu, ne pobrinuti se oko njenog pogreba? Zaludu, ja sam takav, ja to ne bih mogao! A seljaci me gledaju — vidim, čude se zašto ja, na koncu stranac i nepoznat, uzimam tu brigu na se. Misle valjda: zabavlja me!...

Svi se ispod oka letimice pogledaše. Ernesto izvali:
— Ali priznajte, ipak Vas to malko-malko zabavlja!...
Prsnuše u smijeh.

Sad uze glavnu riječ Ernesto, i razgovor krenu šaljivim tonom.

— Dakle, danas smo položili zakletvu! Budimo svijesni toga! Anita, pristajete li da otpjevamo u duetu: „*Neka prokletstvo padne na vjerolomnika!...*" — zapjevuši Ernesto frazu iz neke stare opere.

Gotovo neopazice bili su stigli pred Smiljevce. Na ulazu u selo dočekaju ih šjora Tereza i Narcizo Golob. Njoj je iz očiju virila želja da sazna potanko što je sve bilo u Žagrovcu. Pomalo je željela da to bude nešto neugodno, kako bi mogla u sebi likovati što nije pustila Narciza da ide s njima. Ali ženske pročitaju njenu skrivenu misao, i Lizeta mune Ernesta da joj ne da tog zadovoljstva.

Kako je bilo, kako ste se proveli?
— Slavno! — odgovori Ernesto. — Lijepo su nas primili — vidjelo se da su baš polaskani što smo došli. Častili su nas, pripremili nam raskošan ručak — bilo je tu piletine, svinjetine — svačega. Obećali su da će nama izbjeglicama davati vojničko sljedovanje, rižu, kondenzirano mlijeko, kakao, a i inače su nam ponudili svaku pomoć i zaštitu. Šjor

---
[1] Ukopnik, namještenik pogrebnog zavoda kod sprovoda.

Karlo je, kao naš poglavica, pio pobratimstvo s vojvodom Duletom koji je čisto opčaran njime. Samo je na koncu zdravice nadodao nešto što nam nije bilo sasvim jasno kud cilja: „...a onima koji su naš zbor sabotirali, poručujemo: kako ko s nama, onako ćemo i mi s njim. I nek se čuva ko se danas izjasnio kao naš protivnik!"
— Boga ti! — upadne naivno Narcizo koji je sve to slušao otvorenih usta. Ali sad i šjora Tereza njega mune laktom: nije se ni ona juče rodila, napila se i ona vode *s Pet bunara*.[1]
— Onda je doista dobro što Narcizo nije došao s vama, kad su vas toliko častili — reče s podvučenom mirnoćom, — on, sa svojim osjetljivim želucem, ne može s v a š t a da proguta.

I zadovoljna što joj je ostala posljednja riječ, oprosti se s obrazloženjem „da je jako kasno" i krene prema kući, trgnuvši energično za ruku Alda i Bepicu; Narciza je gonila pred sobom kao tučića.

XXV

Bilo je predveče. Sjedili su kod Donerovih i dogovarali se o sutrašnjem putu u Zadar. Stvar je bila prilično važna, jer je vlast počela da dijeli neke naknade onima koji su teže postradali od bombardmana. Sve su smiljevačke izbjeglice odlučile da naprave molbe, pa su morale u grad da pribave potrebne isprave. Morić je, pored toga, bio našao na periferiji grada, u blizini grobišta, neki sobičak i prizemnu magazicu gdje je namjeravao da ponovo otvori dućan. Bilo je riješeno da idu Ernesto, Ante Morić i šjora Tereza Golob; Marijana će ovog puta ostati kod kuće da zaprima i važe snopiće rdobradi za pravljenje četaka, koju je šjor Ante, otkad se odlučio da opet počne raditi, naveliko kupovao. Izgleda da je on i uveo u Smiljevce tu novu granu privrede. Utanačili su tačno kojim će redom obigravati nadleštva, sve troje zajedno, kako bi posao lakše svršili i kako bi jedni

---
[1] Poznata zadarska česma; izraz označava pripadnost gradu Zadru.

drugima mogli da svjedoče o štetama. Poslovni dio dogovora bio je završen. Razgovarali su o koječemu. Ante Morić reče:

— Što znači da još nema šjor-Karla?
— Bit će da još piše — objasni Anita. Šjor Karlo ih je naime bio zamolio da mu ponesu u Zadar na poštu pismo za brata u Alto Adiđe. Izostanak je izgledao dovoljno opravdan.

Šjor Ante uze pričati o teškoćama na koje nailazi kod uređivanja dućana; dobiti pola kile čavala, nešto uljene boje ili kita za prozore skrpljene od uskih ustrižaka stakla — to je danas čitav problem!...

Otvoriše se avlijska vrata i začuju se koraci po kaldrmi.
— Ha! Evo ga! — uskliknu šjor Ante.
— Ne, to nije njegov korak — reče Anita. Koraci su bili prilično užurbani.

Mjesto šjor-Karla, na vratima se pojavi Ićan.
— 'Ajte brže, zove vas!
— Što?! Kako?! Govori što je!...
— Nije dobro. Neće zadugo. Donio mu ja s Paripovca vodu (Jekina se još nije vratila s paše, sigurno izgubila janje pa ga traži), a on ništa manj' leži nauznak, gleda u tavan, teke što još diše — vidim: nije zadugo. On mi manu rukom, primako' se: „Ajde — veli — zovni ih nama!"...

Svi su skočili na noge.
— Bože sveti, što to može da bude?! — uzdahnu Lizeta.

Odmah pohitaše k njemu, u „novu školu".

Blijedo im se osmjehnu kad uđoše. Pristupe krevetu na prstima. Oči su im bile pune pitanja. On shvati. Pokaza rukom na lijevu stranu grudi.

— Sr-ce... — prošapta s naporom, i opet se osmjehnu, ali tako milo, krotko, da s mukom zadržaše suze.
— Sr-ce... — ponovi on, no ni sad nije mogao da nastavi. Izgledalo je kao da hoće da se opravda, kao da se izvinjava jednom vanjskom okolnošću, jačom od njega i neovisnom od njegove volje — na njemu nema krivice. Jer, za svoja pluća, za svoj želudac, za svoje bubrege i slično, čov-

jek je u neku ruku odgovoran; pa i za svoje oči, uši, noge, ruke; zato se čovjek i osjeća kriv ako su mu kod rukovanja dlanovi vlažni ili ako mu u društvu zakrkljaju crijeva. Ali za srce — he, gospodo! — za svoje srce čovjek ne može da odgovara! Ono jest u nama, ali nekako izdvojeno, eksteritorijalno, tek pridijeljeno našem organizmu — nešto kao strujomer postavljen u našem stanu.

Čelo mu je je bilo orošeno. Mučno je disao. Začas je sklopio oči, kao da se sav koncentrisao na posao disanja.

— Treba li vam što? — upita ga šjor Ante.

On samo odmahnu glavom, ne otvarajući očiju, kao čovjek koji neće da se prekida u zbrajanju.

Posjedaše, kud koje. Pošutješe.

— Ne bi li mu trebao još jedan jastuk? — primijeti Marijana. Lizeta pogleda Ernesta molećivim pogledom.

On smjesta pođe po jastuk. Ali kad se domalo vratio, mahnuše mu rukom da se ne primiče, da ne buni bolesnika. Razumio je da je stvar ušla u jednu novu fazu. Nad bolesnikom stajao je nagnut šjor Ante i pažljivo mu motrio lice; ostali nisu disali; u svemu tome, u tom upornom motrenju, u toj tišini, bilo je nešto zloslutno, nešto kao obred začaravanja. Povuče se na prstima u ugao i stade skrušeno, pridržavajući pred sobom jastuk, kao što se pridržava kaput nekome ko se dugo oprašta, tek s pritrunkom mukotrpnosti na licu. Protivno očekivanju, šjor Karlo odjednom otvori oči; izgledao je nešto pribraniji, kao da ga je ono zbrajanje malo okrijepilo. Zaokruži očima po svima uokrug, pa se ustavi na Aniti. Ona mu priđe s ohrabrujućim smiješkom. Ukloni mu rupčićem slijepljenu kosu sa čela. Zahvali joj se pogledom. Poče micati usnama. Svi domiljaše bliže, kao gušteri.

— ...Bog mi je svjedok... — započe šjor Karlo, ali mu napor (a možda malko i ganuće) prekinu riječ. Onda upregne volju i nastavi: — ...Bog mi je svjedok... da nikad u svome životu... nisam nikome zla učinio... — i tu se glas opet prelomi. Ali bilo je već dovoljno i to.

— Doista niste, dobri naš šjor-Karlo — prihvati šjor Ante, koga je to išlo po starešinstvu, da doreče ono što je šjor-Karlova duša iskala da čuje, bilo iz vlastitih ili, još i bolje, iz tuđih usta — ...ne samo da nikome niste zla učinili nego ste svakom znanom i neznanom, uvijek nastojali da pomognete, da ga pridržite, savjetom, uputom, dobrom riječi barem, ako niste imali ništa drugo da mu date...

Narcizo Golob oštro šmrcnu; bilo je kao da se nešto pretrglo: još samo jedan hip, i bio bi briznuo te povukao za sobom većinu ostalih. Šjora Tereza ga u pravi čas ošinu pogledom, i on se moćno suspregnu. Poredak je bio uspostavljen.

Sad je šjor-Karlov pogled bio blag i raznježeno dalek, bez vidljiva znaka kakve unutrašnje borbe, i počivao je na Aniti. Ona osjeti da taj pogled kaže: nas dvoje, mi se razumijemo. Pa pognu glavu, obori oči, i ostade jedan časak tako; na trepavicama joj se pojavi suza koju utra rupčićem.

„Gle, bogamu, kao da sve ovo i radi samo da se starka gane!" — prođe letimično Ernestu pozadinom svijesti.

Šjor Karlo opet sklopi oči; otvarao ih je s vremena na vrijeme, ali sve rjeđe i nakraće. Najzad usnu. Disanje mu je bilo mirnije. Žene su sjedile u krugu razgovarajući šapatom; muškarci iziđu na stubište da popuše cigaretu. Pitali su se kako i odakle naiđe odjednom i ta nevolja — nikad ranije nije se tužio na srce niti na bilo kakve smetnje u zdravlju.

— I to baš sad, u najgori čas! — reče Ante Morić.

Narcizo dometne misao da nevolja uvijek dođe tako, baš u najnezgodnije vrijeme.

A kad je zgodno vrijeme za nevolju? — pomisli Ernesto. — Ma kad došla, nevolja uvijek dolazi u nevrijeme, kao što smrt uvijek dolazi nenadano. Makar bolesnik bolovao mjesecima, makar se dan na dan očekivao kraj, makar se svi i čudili odakle li mu tolika izdržljivost — kad smrt najzad dođe, došla je iznenada. To vječito iznenađujuće kod smrti, to je, valjda, njeno, njeno svojstveno, jedan vid njene suštine — naprosto ona sama!

Pošutješe. Njihov put u Zadar izgledao im je doveden u pitanje. Ne bi li red zahtijevao da ga odlože za drugu prigodu? Hm! Neprilika!

Šjor Ante progovori prvi:

— Da odgodimo putovanje, time njemu nećemo pomoći, a ova stvar s odštetom može se zaplesti, može nadoći kakav novi momenat, mogu obustaviti isplate — uopće, dan-danas čovjek ne zna što sve može da odjednom iskrsne!... Osim toga, ovako nam se možda pruži prilika (mada teško, ali ipak, ko zna?) da dovedemo liječnika, ili bar da ga upitamo za savjet.

Forma je bila pronađena.

Pred zoru nagovore žene da odu do Donerovih i malko prilegnu. Narcizo zakunja na stolici...

Već je sunce granjivalo kad u sobu banu seljački momčić, nesvijestan situacije u koju upada, i započe punim glasom:

— Poručuje vam Petrina...

Ušutkaju ga znakovima i izvedu na stepenice.

— Poručuje vam Petrina: 'ajde, veli, tamo i reci im da ih ja, bogami, dulje neću čekati, nego ako misle, nek idu odma'!

Od dječakove vike probudio se i šjor Karlo. Reče da se osjeća odmorniji i da mu je nešto bolje.

— Idite, nemojte da ostajete zbog mene... Pismo za brata nisam završio. Bit će drugi put, samo ako bude zdravlja!...

Putnici se oproste i siđu. Šutke i kao na silu uspentraju se u kola.

— 'Esmo li? — upita Petrina preko ramena.

— Gotovi!

Čim krenuše, šjora Tereza izrazi mišljenje da sa šjor-Karlom nije nipošto u redu i da je tobožnji boljitak u stvari onaj boljitak koji nastupa pred smrt — zna ona to dobro jer je imala tri tetke i sve tri dodvorila do smrti. To navještenje pade teško obojici muškaraca. Pomisle kako nije bio red da ona to odmah i tako surovo izlane. Još su kratko vrijeme o tome govorili, pa upadoše u šutnju koju je pomagala i neispavanost. Omjeravajući u sebi šjor-Karlovu agoniju duljinom puta i sporošću vožnje, već mnogo prije Zadra dođoše, svako za se, do uvjerenja da se šjor-Karlov zadnji čas već odigrao. U tom osjećaju utvrđivalo ih je i nejasno grizodušje što su ga u tom trenutku napustili. Svako od njih je slutio da i drugo dvoje to isto misli, i zbir tih triju osvejedočenja davao je čvršći i stvarniji osnov njihovoj pojedinačnoj bojazni. Ipak, nisu voljeli da to službeno priznadu i jedno drugome izričito spomenu. A kad su najzad stigli u grad i sišli s kola, bilo je od momenta kad se u njima rodilo uvjerenje da je šjor Karlo mrtav proteklo toliko vremena da su ga sad već zamišljali kao sasvim ohlađen i gotovo ukočen leš. Više nisu pomišljali da dovedu ljekara. Mjesto toga, prisjećajući se neprilika s popadijinim pogrebom, Morić tiho reče Ernestu:

— Nego, bit će dobro da se uz put raspitamo da li se i gdje može nabaviti lijes. Za svaki slučaj!

XXVI

Znancima koje su tu sretali pričali su ukratko što je i kako je sa šjor-Karlom, i Morić je završavao pričanje riječima:

— Kad smo pošli, nije mu bilo još ni sat života.

A Zadrani, prepričavajući jedni drugima vijest, priračunavali su taj već davno protekli sat, pa se po Zadru proširio glas o šjor-Karlovoj smrti kao o gotovoj stvari. I kad su Morić i Ernesto, završivši posao po nadleštvima, tačno u podne banuli na trg, dočekala ih je grupa znanaca i prijatelja željnih da čuju iz prve ruke potankosti.

— Dakle, umro naš Karlo?

— Po svoj prilici — potvrdi Morić turobno. Ernesto je svojom šutnjom i iznimno ozbiljnim licem svjedočio o tužnom događaju.

— O jadni naš Karlo!

— Ali izgleda prosto nemoguće! — usklikne Pompe Bauk, Karlov dobar prijatelj i školski drug. — Ta vidio sam ga i govorio s njim, ja lično, evo ovdje, na pijaci, na ovom istom mjestu, prije samo dva ili tri dana! Prosto da čovjek ne vjeruje!

— Izvinite, u tom nema ništa nemoguće — upade Baldasar Dètriko. — Bilo bi donekle čudno da ste ga vidjeli i govorili s njim dva dana poslije smrti, ali što ste s njim govorili dva dana prije smrti, u tome nema baš ničega što bi se protivilo prirodnom toku stvari!

Svi ozlovoljeno odmahnuše glavom; nije to prigoda da se neko pravi originalan, niti su oni zato sad tu da slušaju duhovitost Balda Dètrika!...

— *Intanto,* ja vam kažem da je starih Zadrana svakim danom manje! — reče grbavi Bernardin obzirući se na sat na tornju da vidi za koliko je prošlo podne.

Baldo Dètriko htjede opet da replicira da se to dešava ne samo sa starim Zadranima nego i sa starim Liverpuljanima i starim Bombajcima. Ali se ipak suzdrža. Mjesto toga reče samo:

— He, što se može! Tako ćemo, prije ili poslije, svi!

Ta rečenica pobudi u Ernestu tužno sjećanje:

— Eto, neki dan kad smo tamo u Smiljevcima ispraćali neku staru popadiju, šjor Karlo je kazao tačno te iste riječi: tako ćemo svi. Ko bi tad bio pomislio da ćemo poslije nepune dvije nedjelje i za njim to isto govoriti!

— Šteta za Karlom! — reče Mičelin. — Bože moj, imao je i on neke svoje mušice, neke svoje smiješne strane (a ko ih od nas nema?), ali sve u svemu bio je čestit čovjek, dobar prijatelj, bez trunka zlobe!...

— U jednu riječ: pristojna osoba — zaključi Pompe Bauk. — I time je rečeno sve!

Da. Time je rečeno sve. Pristojna osoba. To priznanje sadržavalo je kudikamo više nego što sama riječ kaže: najviše odlikovanje za građanske vrline.

Ipak, bilo je vrijeme da se promijeni tema.

— A kako je s prehranom, tamo, u tim vašim Smiljevcima? Može li se dobiti brašna, jaja? — upita Bernardin i opet se osvrnu prema tornju. Za njim to isto učiniše i ostali. Jer ni smrtni slučaj, niti bilo kakav poremećaj ne može da ima uticaja na tu činjenicu: kad mala kazaljka stane tačno na brojku 1 a velika tačno na brojku 12 — to znači: jedan je sat; i to je fakat. Jedan prosti, i naoko možda neznačajni fakat, ali nema na svijetu te sile koja bi imala moć da taj fakat poreče, izmijeni, zbriše.

— Pa... tako-tako, nije baš dobro. Nije više ni na selu onako kako je nekad bilo.

S tornja zareži, dugo-dugo, zarđala opruga u utrobi sata, i najzad se rodi jedan otkucaj. Jedan sam, ali odsudan, nepobitan. Sat. Sat pravednik. Sat zakonodavac. Jedino sigurno u tim grdnim poremećajima, jedino stalno u tom povodnju vremena.

Ispozdravljaše se i raziđoše prilično brzo, kao da počima uredovno vrijeme. Smiljevčani požuriše na dogovoreno mjesto gdje ih je već čekala šjora Tereza.

Vraćali su se s prijatnim osvjedočenjem da je i u Zadru šjor-Karlova smrt bolno odjeknula kod svih koji su ga poznavali. Šjora Tereza ispriča da je od nekoga čula da mu je i otac umro od kapi — valjda im je to u familiji. Što se tiče lijesa, uvjerili su se da bi bilo kudikamo teže dobaviti ga u Zadru i dopremiti u Smiljevce nego sklepati ga u Smiljevcima, pa uvidješe da je i tu najbolje prepustiti se Ićanu.

Pred selom, kod Baturove kovačije, dočeka ih cijela kolonija: ispred sviju stajao je šjor Karlo mašući im u pozdrav rupčićem privezanim sa dva kraja o štap, kao zastavicom. Bio je ponešto blijed, ali u ostalome potpuno živ i zdrav — jednako onako kao prije tri dana kad je s njim razgovarao u Zadru na trgu Pompe Bauk.

Šjora Tereza je kasnije uvijek zastupala mišljenje da su mu to sigurno naškodile one njegove mađarske paštete — „nekakva tamo njihova prasarija, pravljena ko zna od čega, koja nije za naše krajeve i za naš svijet" — i podvlačila je da je ona odmah od prvog časa tvrdila. Niko joj nije protuslovio.

XXVII

Izlet na Gradinu bio je više-manje posljednja vedra uspomena iz Smiljevaca. Kao što je Ićan prorekao, lijepa vremena bila su na izmaku: uskoro zaredaše kiše i oblačna neba.

Prestankom sunčanih dana sve se iz osnova promijeni. Skromna mjerica radosti koju sadrže stvari kao da je postala neznatnija i suvlja, zlovolja kao da je ušla i u mrtve predmete. Krajnji vidokrug zamuti se i otisnu u sivi nedogled, krug svakidašnjeg zbivanja suzi se i zatvori, a između ta dva kruga zaleže širok pojas pustoši. Kretanje se ograniči a pogled se skrati i pažljivije usredsredi na najbliže svagdanje predmete koji sad pokazaše svoja kruta i umorna lica. Bilo je kao da se odjednom ljetovanje provrglo u izgnanstvo. Izbjeglice su sjedile u sumračnoj vatrenoj kući i sušili kod ognjišta svoju dotrajalu obuću, šutljivo slušajući sipljiv šum kiše u ševarovu krovu, vodu koja curi niza zidove pa pri temeljima klokoće i pijuče, pljaskanje seljačkih nogu po lokvama na avliji, kapnicu što se toči u ulupljenu kantu s neprekidnim drapavim zvukom od kojeg bridi niz hrptenjaču — razne šumove kiše koja lije bez prestanka, koja ih opkoljava i zarobljuje i sa svojih stotinu vidova i glasova opsjeda sa svih strana. Odijeljeni tako od svega zavjesom tankih kosih mlazova, čisto kao da su slušali šuštanje šibljaka koji svud uokrug brzo izrasta, ispreplten i neprokrčiv, stežući oko njih svoj obruč. Iz začađene krovinjare mučno se izvijao dim napolje, u težak i vlagom zasićen zrak posuvraćao se i kolutao, pa opet nalijegao na ognjište. A u tom dimu Lizeti iscuriše oči u beskrajnom čekanju da uzavrije voda za tjesteninu ili krompir, dok do nje dopire samo groktanje Miguda koji ruje raskvašenu zemlju i razvaljen glas majke iz susjednog dvorišta koja kunući dozivlje odšvrljalo dijete.

A kad padne mrak, a kiša još uvijek na prestaje, pa čak niti jenjava niti krupnja već traje onom neumornom ujednačenošću koja daje sliku vječnosti — njima se pričinjava kao da su zatvoreni u utrobi korablje što pluta na moru mraka i vodâ.

Sad su im teško padali odlasci koji su im ranije bili ravnodušni ili gotovo ravnodušni. U misli su redom nabrajali odlazak Rudanovih, pa odlazak popadije, pa odlazak Vidošićevih, pa čak i nedavni odlazak Ikina Nikice, koji se najzad oslobodio svojih muka i popadijina nezgodna naslonjača. Podilazila ih je jeza od osjećaja da ih, jedan po jedan, gotovo po podmuklom dogovoru, napuštaju znanci ostavljajući ih same u pustinji. Tim jače su strahovali pod vječitom prijetnjom odlaska Morićevih i nesvijesno se radovali teškoćama i odugovlačenjima na koje je nailazilo uređivanje dućančića u gradu.

Čak je i inače mirni i bezbrižni Ernesto počeo gubiti živce i zapadati u čamotinju. Kod njega se to ispoljavalo u mrzovolji i zapredanju zbog sitnica; takav je vid davao svojoj tuzi, smatrajući je valjda nedostojnom čovjeka, muškarca. Što mu se ranije nikad nije dešavalo, sad je ponekad sanjao mučne snove; neke glupe, nesuvisle snove, kako ih je on nazivao. Dva puta je usnio one pokopane u podrumu za bombardmana, ali nekako čudno, u isti mah kao da je i on pokopan s njima, i kao da bježi od njih i čuje njihovo sve slabije mijaukanje — blijedi glas one mačkice zarobljene iza stakla u napuštenoj magazi.

Božić i Nova godina prođoše im bez radosti. U te dane osjetili su se još usamljeniji u tom selu gdje su samo oni slavili taj Božić. Praznik je bio obilježen jedino time što je šjor Karlo za prigodu zavio kravatu, što su se muškarci izbrijali i što su ,,ićanovci" pošli, svi zajedno da čestitaju Golobima i Morićima, pola sata kasnije primili Golobe i Moriće koji su došli da im uzvrate čestitke. Častili su jedni druge nekom domaćom orahovicom, pravljenom po zajedničkom receptu, i niskim keksima od tamna brašna u kojima se jako osjećao uzaludan napor obilnog praška za pečenje.

Najzad kiše smijeni bura. Podigoše se sive kišne zavjese koje su sakrivale vidik i pogled se opet pruži udalj; no slika nije više bila ona pređašnja. Sunce se ni sad ne pokaza i nebo ostade mutno. Daljine su bile sure i gluhe, pune suzdržane grubosti. Stegnu zima, seljani se zabiše u kuće, kod vatre. Između Smiljevaca i grada, između Smiljevaca i svega zalegla grdna rastojanja, uvalila se neka golema količina prorijetkog, nemjerljivog prostora. Kao da su se Smiljevci prekonoć preselili negdje iza sedam brda, zapali u neku planinsku dolinu do koje teško dopiru glasovi. Zadar je i sad tu, nadogled, gotovo nadohvat, ali opet kao da je ta blizina nestvarna, samo pričina, a udaljenost što ih od njega dijeli neznatna ali neprelazna. Neka opća neizvjesnost lebdjela je u zraku kao jesenja paučina. Svaka želja postade nedostiživa, svaka namisao neostvarljiva, skopčana s nepremostivim teškoćama i otežana nevidljivim preprekama. Svakoj odluci ispriječila se preko puta nemogućnost. A seljani kao da su s time pomireni, na to unaprijed spremni, pa prema tome i podesili svoj život: nikud se ne miču i ništa ne rade.

Izbjeglice su drhtale na buri u svojoj slaboj odjeći, navlačili na se po dvije košulje ili po dva prsluka, umotavali noge u novinski papir pa ih opet gurali u mokru i proderanu obuću. Gadna vremena, razlokani putevi, a seljani u ovo doba nemaju po čem da idu u grad. Stoga su i Zadrani sad odlazili vrlo rijetko; obično je išao jedan za sve, ponajviše Ernesto. Vraćao se gurajući pred sobom bicikl proti vjetrini, poguren, pridržavajući rukom uzdignut ovratnik, a o upravljaču mu je visio poluprazan ruksak.

U takvom raspoloženju, niknu kao sama od sebe jedna slijepa, neumitna želja: otići, otputovati! A tu želju potpirivali su i dodavali joj kap po kap sladosne gorčine izvještaji koje je Ernesto, uz sve mršaviju aprovizaciju, donosio iz Zadra: u partiji koja je otputovala parobrodom posljednjeg četvrtka otišli su ti i ti znanci, pa još ovaj, i još onaj... I niz je neprestano rastao. Među njima bilo je ljudi koji su blagovremeno sebi osigurali preko mora egzistenciju, prenijeli tamo dio svoje imovine, osnovali i uputili neki nov posao. „Lako je za njih! Oni imaju na što da pođu. A kud ćemo i kako ćemo mi kukavci? U neko sabiralište, u nekakav logor, odijeljeni, izolirani, kao izopćenici, kao gubavci!"

Pa i pored tih slabo utješljivih izgleda, u njima je raslo uvjerenje da će na koncu ipak njihov položaj postati neizdrživ i da će ih prisiliti na odlazak. Trebalo je samo čekati dok ih nemogućnost daljeg opstanka ovdje natjera na taj skok u prazno.

XXVIII

Sred takvih prilika, Mafaldin prvi rođendan sinu skromnom svjetlošću svijetnjaka — sinu i odmah ugasnu. Tog dana svukla je sa sebe iznošenu i usku plavu odjeću, koja je trebalo da se izdere po Smiljevcima, i stavila na se jednu novu haljinicu, od onih što su joj potajnim marom Lizeta i Anita krojile i slagale u kofer, za bolja vremena i blaža podneblja, kad budu tamo, preko mora. Od zadnjih ostataka bijelog brašna, čuvanih naročito za tu prigodu, naprave *kroštule*[1] i kolačiće s bademima. Ernesto je bio nabavio u gradu pola litre nekog crvenkastog likera — nešto kao malinovac sa alkoholom, u pivskoj flaši — ali se na nesreću flaša putem razbila, što ih je sve sneveselilo, gotovo kao rđav znamen. No tad je šjor Karlo glavom otišao u Zadar i, pomoću svojih starih veza, pronašao bocu originalnog zadarskog *cherryja*.

Veče je proteklo dosta ugodno. U počast šjor-Karlu bilo je i prave crne kave, koju su bili ostavili za slučaj bolesti ili kakvog nezamislivo radosnog događaja, a Špižmica je u ružičastoj haljinici sa vjenčićem izvezenih cvjetića oko vrata zasjala ljepša nego ikada. Te večeri, uzbuđena većim i bučnijim društvom i neuobičajeno kasnim satom, jako se razigrala i bila naročito žive pameti. Pitali su je „gdje je šjor Karlo?", „gdje je Lina?", a ona je upravljala pogled i ispružala podbradak prema njima. Morić joj je prinosio uhu sat čije je kucanje slušala pažljivo, pa bi se onda nasmijala krezubim ustašcima. „Ali gledajte, molim vas, čisto kao da razumije!" — divio se Narcizo. Ipak, najradije se igrala sa šjor-Karlom. „Njega djeca vole, jer ima načina s njima", tumačila je Anita. Bistrim očicama koje shvataju pratila je igre gdje ima nešto što se u pravilnim razmacima ponavlja — valjda prvo što dijete, vođeno urođenim osjećajem za ritam i za periodičnost, od vanjskog svijeta uočava i poima. A roditelji su se raznježavali nad tim ranim znacima buđenja djetinje svijesti. Šjor-Karlov svinuti kažiprst i srednjak grabili su po stolu baučući: *bu-bu-bu* — tleeee!: ona bi za-

---
[1] Rezanci od tijesta prženi i posuti šećerom.

stala s napetom pažnjom i pridržavala osmijeh očekujući razrješenje u razlivenom *tleee!* Pa opet iznova, nebrojeno puta: *bu-bu-bu-bu- — tleeee!*

Ićan je sjedio u prikrajku, na niskom tronošcu, uz čašu vina s tri kolačića u tanjiriću na koljenima.

— Ih! A što ne počekasmo još nekoliko dana pa bi bila pečenica za našu Špižmicu! — zažalio je već dva puta, kao da je rođendan takva stvar koja se, za kraće vrijeme, dade i odgoditi.

Društvance se skromno raspoložilo i produžilo ćaskanje još dugo poslije nego je Špižmica zaspala. Šjor Karlo je opisivao svoj prvi susret s prijateljem Pompom Baukom poslije lažne vijesti o njegovoj smrti. To je bilo veselo, jer je Pompe bio poznat šaljivdžija dobroćudnog tipa.

— Nagovarao sam ga da dođe amo. „Što čekaš tu u Zadru, da skončaš pod ruševinama, kao miš!" — Ali on se nikako ne da nagovoriti: „Ne mičem se nikud" — veli — „tu sam se rodio i tu hoću i da umrem. A osim toga, bojim se da me tamo, u Morlakiji, ne pohrvate: sigurno bi me prekrstili u *Pompislava!"*

Smijali su se do suza. Šjor Karlo je skinuo naočare i brisao oči. Tako, bez naočara, lice mu je dobivalo još dobroćudniji izgled i s njega se gubio i zadnji trag energična izraza.

— A znate li koga sam još vidio posljednji put u Zadru?

— Koga?

— Doktora Furata. Posjetio sam ga, jadnika — eno leži u onoj ambulanti, baraki, kako li bih je nazvao, koju su prikrpili ispod grobljanskog zida.

Tad im je, na Lizetinu molbu, morao da ispripovijedi od samog početka staru priču o doktoru Furatu i gospođi Vandu[1], priču koja je u svoje vrijeme bila uzbudila čitav Zadar, a koju su i sami znali do u tančine, ali im se sad opet prohtjelo da se, u ovim surovim vremenima, još jednom slade njenom mekom ganutljivošću. Svi su oni poznavali i

---

[1] Doktor Furato i Vanda su lica iz Desničine priče *Oko*. Ovdje nalazimo kao neki epilog te priče. — *Prim. ur.*

cijenili Furata, i svi su bili odlučno na njegovoj strani kad ga je, prije nekoliko godina, napustila gospođa Vanda i pobjegla preko mora s onim vrtoglavim avijatičkim potporučnikom. Sjećali su se tadašnjeg Furata kako je prolazio ulicama odsutna pogleda i kako je dostojno snosio svoju nedaću ne izustivši nijedne teške riječi o bivšoj ženi. Govorilo se, štaviše, da ju je uzimao u zaštitu kad mu se koji prijatelj izražavao o njoj riječima oštre osude. Nije se potužio ni na to što je sobom odnijela sav nakit, čak i krupni zlatni broš pokojne mu tetke Šimice, s crnačkim glavicama, jedinu dragocjenost (uz pečatnjak sa zelenim kamenom koji mu je i sad na prstu) što je naslijedio od kuće Furato. A kad ju je najzad njen krasni *Paozzo*, nakon godinu dana lutanja po raznim mjestima Italije, napustio (odnijevši sobom, kako se pričalo, još neproćerdane komade nakita), Furato joj doduše ni tad nije pisao, ali je odredio da joj svakog prvog u mjesecu izravno dostavljaju u Italiju čitavu plaću koju je primao kao profesor babičke škole. Ona se još kraće vrijeme potucala od grada do grada, pa se najposlije skrasila u Veneciji i uposlila kao šivačica kod jedne skromnije švelje za rublje, u predgrađu. I tako je napokon Vanda dospjela u sanjanu Veneciju. Ali to nije bila više ona sedefasta Venecija sa *presse-papiersa* na Lovrinom pisaćem stolu, u onoj sumračnoj sobici što gleda na „vrtić" i u kojoj krotko otkucava tršćanski zidni sat sa zlatnim brojkama na blazončićima od modrog emalja. To je bila kasnojesenska, zakulisna Venecija, vlažna i bez sjaja, gledana s prozora krojačnice kroz praminjanje kiše, i na nj je Vanda, prekidajući od vremena do vremena porubljivanje čaršava i prišivanje dugmeta ma muške košulje, bacala rasijan pogled svog još uvijek lijepog ali ispaćenog crnog oka, dok su zamasi južine donosili do nje jednolično tuckanje čekića s nekog brodogradilišta i miris katrana pomiješan s mirisom lagunskog gliba. Zadar je doznavao taj posljednji čin Vandine ludorije od sugrađana koji su pričali kako su je tamo vidjeli i kako je obarala oči da im se pogledi ne sastanu i skretala u sporednu uličicu izmičući susretu. Pa i tada, kad je čitav Zadar, pun pravedničkog gnjeva, likovao nad takvim završetkom

Vandine historije, Lovro Furato je bio jedini koji se tome nije radovao i koji je, možda, onako star, prolio koju suzicu u sobičku što gleda na pusti vrtić.

— A sada — produžio je šjor Karlo — od svih zadarskih liječnika jedini je on ostao u gradu, dok su svi drugi, mlađi i naprednji, spakovali svoje rendgene i dijatermije u slamu, pa napustili svoja mjesta i sklonili glavu i uštedevine na sigurno!... Kako ćete da napustim ovaj grad s kojim sam i od koga sam godinama živio, govorio mi je neki dan, sad kad proživljava svoje najteže dane i kad mu je pomoć najpotrebnija? I tako je, eto, pod konac života još jednom doživio, kao neku zadovoljštinu, da se, u nedostatku svih pomagala, bori protiv bolesti i zla onako goloruk kao što se borio u početku svoje karijere i da svojim starim pacijentima opet propisuje kalomelan, *joduro* i *cremor tartari*...

Učinilo mu se da se Ernesto osmjehnuo, pa mu dobaci preko ramena:

— ...Smijte se vi koliko hoćete, a ja vam kažem da je *cremor tartari* odlična stvar i da osvježava čitav organizam!... Gdje sam ono stao?...

— U posjeti kod Furata.

— Da... I tako, velim, hodajući od pacijenta do pacijenta, uz ishranu koja nikako ne odgovara njegovim godinama, mučen proljevom, pentrao se dan na dan preko hrpa ruševina i uspinjao uz polomljene stepenice, sve dok se jednom u mraku nije spotaknuo, pao i prebio nogu. Sad eno leži u onoj baraki-ambulanti, među ošišanim vojnicima koji na krevetima igraju zamašćenim kartama. O, uvelike se obradovao kad me ugledao! Vi ste jedan od rijetkih, rekao mi je, koji pamte negdašnja vremena i s kojim imam dodirnih tačaka u uspomenama i pogledima. Gledajte, pokazao mi je prstom preko zida, vidite li onaj grob u uglu, s pretrgnutim deblom od kamena? To je grob porodice Furato. Onaj sam nadgrobni spomenik naručio i platio iz prvih mojih zarada. Tamo počiva moja dobra tetka Šimica, kojoj sve dugujem. A tamo ću doskora i sam leći...

— Bijedni Furato!... — uzdahnu Lizeta. — A ko zna gdje je sad ona beštija?...

— Pustite je! Možda je i ona ispaštala svoje!... Kad pođem opet u Zadar, ponijet ću mu nekoliko svježih jaja i bocu dobrog mlijeka. Nastala je mala zatišina. Lizeta, nešto zamišljena, igrala se razgoneći noktom mrvice po stolnjaku. Odnekud iz dubine noći odjeknu dva-tri daleka puščana hica i povrate ih u stvarnost u kojoj žive. Svi podignu glave i osluhnu.

— Nije ništa, daleko je — umiri ih lijeno Ićan. — To ovi naši klapci što su se zavrgli puškom ćeraju svoje, nadmeću se — ko im što može!

XXIX

Među „klapcima što su se zavrgli puškom" glavni je bio Drago. Zadrani nisu mogli da ga se sjete; valjda na nj, kao na dijete, nisu dotad obratili pažnju.

— Ta kako ga ne znate! bolan, sin udovice Mitre, one ćorave! — tumačio je Ićan, uvjeren da ga, pod tim oznakama, svak mora poznavati.

Drago je bio momčić od kojih šesnaest-sedamnaest godina, ne naročito izrastao i još sasvim djetinjeg lica. Ostali iz družine bili su Radan Pupovac i Jole Mrša, oba po godinu-dvije stariji od Drage, i još nekoliko drugih, manje važnih.

Izbjeglice doista počeše susretati po selu neke golobrade mladiće pod puškama koji su ih pogledavali mrko a letimično.

— Ha! to su sigurno ti! — pomisle Zadrani u sebi. Sad su ih dakle znali.

Katkad bi se skupili pred bivšom Zadrugom, pa se nadmetali gađajući u sve i sva što im pod oko dođe. Za metu su na Milin spomenik postavljali kakav kamen ili dvolitru rumena vina. Gađali su i vrapce po tuđim krovovima, mlade jadike oko Paripovca, psa zalutala iz drugog sela, ili već što mu drago.

Jer svakojakih su stvari ljudi izmislili, ali opet nije kao puška! Ona je kruna svih izuma, najđavolskija od svih. Malena, sputna — možeš je o rame objesiti i s njom pregaziti vode i rijeke, šume i planine, a tako si se sviknuo na nju da joj i ne osjećaš tereta. Ali kad ustreba — tu je, odmah spremna. Njenom pomoći svijet je čisto postao manji — sve je nadohvat. Iz one tanke, uske cijevi u koju jedva utjeraš vrh malog prsta, grmne stotina čuda. S najmanjim, gotovo nikakvim naporom, silne promjene proizvodiš u vanjskom svijetu. I na koliku daljinu! Sanjivo ljetno podne, bez daška, nebo izbijelilo od puste jare; uz cestu se nižu telegrafski stupovi, ubeskraj, a na njima dosadne bijele čašice o koje su pričvršćene žice. Tri tačke natjeraš u pravac — nišan, mušicu, metu — tek malo pritisneš obarač — i ha! čaška samo bljesne u bijele varnice, i nema je!; a oslobođena žica tužno se obori na po koplja. I kako pri tom metak pijukne, onim zvukom koji ne možeš zamijeniti ni sa kakvim drugim! (Kažu da gluh čovjek nema od puške ni pola radosti.) Opet nagodiš tri tačke — nišan, mušica, meta — i pas u trku, pogođen ravno u čelo, zasuče svoju putanju u krug — i legne usred njega. Guska ponosno korača, sikće na te i gleda te onim svojim glupim okom — a ti pravo u ono glupo oko, i gotova! — Doista, brze i spremne promjene: nešto što je sad postojalo, više ne postoji; živo se učas pretvorilo u mrtvo, divljač u lovinu, dušmanin i krvnik u šaku jada. A mržnja, puna nemira, puna grižnje, ustupi mjesto osjećaju utaženja i lijepe izdovoljenosti.

Već sam pogodak po sebi — pa u što bilo, u staru kantu, u tikvu misiraču, u crkveno zvono — daje čovjeku zadovoljstvo. Nišaniš i nišaniš, pritisneš — a iz družine se digne urlik: pogodio! I mlaz zadovoljstva, kao mlaz krvi, udari u obraze, ravno iz srca. Orlić krstari nebom; lupnuo nekoliko puta krilima, pa ih raširio i uživa; nišan-mušica-meta — i skineš ga s neba, kao rukom.

Ali tek u živo, ljudsko kad se gađa, to je pravo gađanje! Jer tu je cilj pomičan, nemiran. A umješan, žustar: učas zamakne, skloni se, uskoči za plot, sravni se sa zemljom — prosto nestane s oka. Pričaju da se hajduku Obradu Mustaću nije mililo gađati u nepomična čovjeka. U takvim slučajevima, vele, on bi ga ošamario dva-tri puta pa dreknuo: odlazi što te noge nose, dok se nijesam pokajao! A kad bi onaj malo odmakao, tad bi viknuo za njim: bjež' pucat ću! Čovjek, jadnik, nagne niz polje kao bez duše, sad će se dohvatiti grmova, kao zec — a puška prasss!, i on nosom u ledinu.

I u drugim okolnim mjestima kao da se zavrgla krajina. Petrina je pričao kad se vratio iz Karina kako su tamo bili domišljato sperili popu Stevi. Namjestili, veli, u ogradi prema popovoj kući pušku na podzidak, naciljali tačno usred prozora, pa obzidali i učvrstili pušku teškim kamenjem, dobro je ujemčili. Kad u neko doba noći, zazovu popa (a stavili piljčić pod jezik da im ne prepozna glasa) nek ide namah pričešćivati samrtnika. („Ne gine stoja!" — bit će pomislio pop navlačeći gaće.) Kako se raskrili onaj prozor, a iz mraka plane puška, pa ravno ondje gdje je obdan naciljano. Samo, njegovom srećom, to ne bio pop neg' popova sluškinja, Primorka Barica, koja je pošla da vidi ko dozivlje. Pogodilo je, vele, usred srijedce čela...

— Hm! 'es vidio! — oglasi se jedan.

— A koji vrag nagna bodulicu Baru da ide u službu rišćanskom popu! — čudi se drugi.

Nekoliko dana poslije pojave „klapaca" proču se da su u jarku kraj ceste, na kilometar pred Žagrovcem, nađena ubijena i opljačkana dva penzionisana pomorska kapetana iz Podvelebitskog kanala koji su se pješice uputili u Benkovac da ovjere nekakve dokumente. Odnijelo im satove, svuklo cipele i pokupilo ono nešto para što su pri sebi imali. Nikad se ne uđe u trag ko je to počinio, ali Radan Pupavac ne odoli srcu više od tri dana, pa jedne večeri, u krčmi, napit i mrgodan, stade da svaki čas vadi iz džepa srebrni sat na lancu i da mu nožićem barka u stroj, šiljući krvničke poglede ispod natuštenih obrva svakom ko bi se usudio da ga u tom poslu motri.

Druge nedjelje bane u selo otočanin u platnenim cipelama i u kožnatom kaputu dognavši na magaretu dvije vreće soli u zamjenu za kukuruz; davao je, preko volje a po skupe pare, i u novac. Sutradan rano u zoru začu se nekoliko hitaca, a kasnije nađoše otočanina mrtva u gaju niže ceste. Ni tu se ne doznade za počinitelje. Samo, nekoliko dana zatim, debela Stevanija izlanu na Paripovcu među ženama (izlanu i odmah se pokaja) da se bratija ljuto posvađala oko Boduljčeva kožnog kaputa i da umalo među njima nije došlo do krvi.

Više je odjeka imalo i podrobnije se o tome govorilo kad je poharalo i iskasapilo na komade krčmara Škubonju, na raskršću nedaleko Baturove kovačije; nešto zato što je Škubonja bio viđeniji i imućniji čovjek, a nešto zato što se posigurno znalo da to djelo potječe iz drugog sela.

— Ne mogu, bolan, ni Smiljevci biti krivi za sve na svijetu! — odbijao je, gotovo uvrijeđeno, jedan stariji i ozbiljniji Smiljevčanin sumnju od svoga sela, a svi su mu u jedan glas povlađivali.

— 'Est, bljate, što je pravo — pravo! — potvrđivao je i Glićo pljuckajući mimo kamiš.

Inače, svi su u Smiljevcima žalili Škubonju, hvalili ga kao duševna čovjeka, osuđivali nečovječno djelo.

— E, ljudi, što je prešlo, prešlo! Nije red da se to čini!

— Nije, valaj, pa nek kaže ko što 'oće!

— I da vidiš ti kako ga je razmesarilo — pričao je jedan koji je to svojim očima gledao. — Ispresijecalo ga najprije ev' ovuda, pa opet ovuda... — pokazivao je na sebi pripovjedač. Svi su pažljivo slušali. Stražnji su se naginjali preko ramena prednjima da bolje vide. Strasno su ih zanimale te tehničke pojedinosti.

— Ma koji je to Škubonja, 'e l' to onaj Luka Škubonja što je bio u Americi? — pitao je jedan iz udaljenijeg sela.

— Ma nije, bolan, kakav Luka! Neg' Miljkan Škubonja, onaj što su ga zvali Prdikas — kako da ga ne znaš!

Šaljivi nadimak ne izazva ni jednog osmijeha, ali je isključivao svaku patetičnost.

— Ne znam ga, brate, pa eto! Nisam iz tog kraja, pa ga ne znam! — gotovo se opravdavao onaj.

Zadrani su bili uznemireni najnovijim događajima u selu i oko njega. Nisu znali kako da tumače to što se selo baš mnogo ne uzbuđuje i ne uzrujava. U tim događajima činilo im se donekle utješljivim barem to što ipak uglavnom pogibaju nepoznati ljudi. Šjor Karlo osjeti potrebu da se porazgovori s ljudima iz mjesta ne bi li od njih dobio ključ za pravo razumijevanje te stvarnosti i neobjašnjivog spokojstva sela. Čudio se što se ni s koje strane ništa ne poduzima protiv te pojave i protiv ljudi od kojih to zlo dolazi. Zatražio je tumačenja od ,,dobrih ljudi", podvrgao je pitanjima Ićana, Glića, Milenka Katića.

— Ali *žašto, žašto* sve to?! — pitao je svakog od njih redom.

— A zašto, zašto! — odvraćao je Ićan. — *Poškvario* se svijet, eto ti! Ovaj rat, ovaj đava', mladost nezaglavljena, svak ima pušku — eto ti što je.

— Ma dobro, ,,ima pušku"! Ma neću ja tebe ubit zato što imam pušku! *Che bella logica!*[1] ,,Imam pušku, i ću te ubiti!" I ja imam, gori u kamari, *sublimato corrosivo,*[2] ma ti ga zato neću stavit u čorbu oli u bevandu!

— Eeee, moj šjor-Karlo, ne razumijete Vi kako to dođe! — vajno se smiljio Ićan. — Ne znate Vi do čega to *zastoji!*

Šjor Karlo se snalazio još manje nego prije.

Uklještio je i Glića svojim neumitnim ,,*žašto, žašto?*"

— Nema više onije' starije', pravije' ljudi što su nekad bili. Ovo današ *muderno,* bljate, ništa ne valja! Krenuo svijet napako, pa eto!

Jedino je Milenko bio nešto razvezaniji. On je šjor--Karlu dao jedan odulji odgovor koji je pružao ako ne baš odgonetku, a ono bar neku utjehu.

— Ušao vrag u narod, moj gospodine, eto što je. Jer se više ne počituje ni ljudstvo, ni starešinstvo, ni prijateljstvo, ni crkva (Bože mi prosti!); jer dijete — nije još ni 'volicno — a već odgovara svome roditelju kako se ne priliči, jer se svak obzire za tuđim, jer svak gleda bez truda doći do onog što nije njegovo, jer svak svakome zavidi na njegovom dobru. Nije danas više ka u stara doba što je bilo, kad se opet znao neki red, znalo se ko ima slušati a ko zapovijedati!...

---

[1] Lijepe li logike!
[2] Sublimat.

Dugo je nastavio u tom blagom i ojađenom tonu od kojeg je šjor-Karlu na dušu silazilo neko razblaženje.

— Dobar je čovjek ovaj Milenko! Baš dobar! — ponavljao je kad se vratio. — Da su svi onakvi, drukčije bi išle stvari u ovom selu!

— Dobar, dobar! — potvrđivali su seljaci nekako zamišljeno, gledajući preda se u zemlju.

Zadrani na koncu ipak zapaziše da nikad niko od seljana ne spomenu izričito počinitelje tih djela, ne samo po imenu, nego ni općenitim kakvim pogrdnim nazivom, ,,razbojnicima", ,,ubojicama", ,,hajducima" ili slično. Uvijek se sve odbijalo i prebacivalo na neke opće, neodređene pojmove, na neku višu silu, kao da je riječ o elementarnim nepogodama, o poplavi, o krupi, o suši. I uvijek su se navraćale iste rastrgane i prežvakane rečenice, ,,rat", ,,iskvario se svijet", ,,čovjek je više došao, osim krsta, kao živinče" i tome slično. Naročitog straha seljaci nisu pokazivali — baš kao da znadu da se opasnost, zasad, kreće po nekoj putanji koja njih ne tangira — već jedino neki okati oprez, neku krajnju obazrivost u govoru.

Naveče, kad bi ostali sami, Zadrani su ponovo pretresali događaje i nastojali da im iznađu uzroke i pohvataju konce. Ni tad nisu uspijevali da pitanje izvedu na čistac, ali im je ipak jedno postajalo jasno: da tu postoji jedna posebna stvarnost, sa svojim zakonima i svojim nužnostima — i da oni tu stvarnost ne razumiju.

— *Che paesi, che paesi!* — završavao je šjor Karlo hvatajući se objema rukama za glavu. — I kad pomisliš da smo mi na samih desetak-petnaest kilometara od svega ovoga proživjeli čitav svoj vijek a da nismo ni slutili, niti se, zapravo, baš mnogo brinuli da doznamo što se sve ovdje događa i kako se ovdje živi!

— *Che paesi, che paesi!*

XXX

Kad je došlo vrijeme da se „tuku krmci", Ićan je čisto oživio. To je bilo doba kad je on carstvovao. I u tome je bio majstor: niko drugi nije znao „urediti" prase kao on. Zadrani su se čudili s kolikim je žarom tome prionuo.

— A nije da voli masno, uvijek bira mršavije komade, — objašnjavala je stara Vajka. — Neg' eto tako, čisto voli to — što je god prasećega, sve mu je srcu priraslo.

Gotovo svakog dana u nekoga se tuklo. Trebalo je iskoristiti burno i suho vrijeme. Od ranog jutra Ićan bi se uzmuvao po kući, oštrio noževe, opremao se.

— Kud ćeš, Ićane? — srete ga jednog jutra Lina.
— Idem k Savi Mrdalju, danas ćemo tući krmka.
— A zašto ćete ga tući, jadnoga?! — ganula se Lina. Zamišljala je te mrke ljude kako su zasukali rukave, oboružali se željeznim motkama ili kocima, pa udri po bijednoj životinji; prosto onako, što uživaju u tuđim mukama. A prase čiči i čiči — čuje ga ona preko avlijskih zidova, pa začepljuje uši dlanovima i bježi kući da ispriča Aniti uzbudljivi doživljaj.

Selo je bilo sasvim zaokupljeno tim poslom. Pravila su se predviđanja koliko će čije krme vagnuti, pa čak je padala i pokoja opklada. A kasnije, bilo je iznenađenja, likovanja i pokunjenosti, i obilne teme za razgovore. Izvlačili su se zaključci i iskustva, ubilježavalo se u pamćenje čije se sjeme pokazalo dobro preko očekivanja a čije je podbacilo. Ićan je sve sračunavao da što kasnije zakolje Miguda, kako bi mogao da ga što dulje tovi i čim bolje uhrani. Iznalazio je uvijek nove razloge za odlaganje, najprije „do naših Božića", pa do Mladog ljeta, pa do Jovanje, svoje krsne slave.

U toj zabavljenosti oko tučenja svinja selo kao da je zaboravilo na krvne događaje. Već se nisu spominjala ni dva pomorska kapetana, ni otočanin što je dognao so, kao da je to bilo prije više godina. Jedino se još katkad spominjao Škubonja, a i to samo po tome što su mu se treći dan po njegovoj pogibiji ljuto posvađali sinovi, a još ljuće snahe. Sve su udružene graknule na Savinu Iku, uprle da je izguraju prezimo je nazivajući „ona jalovica".

— Pa što je to njima krivo što oná nema djece? — pitale su gradske žene. — Tako će više ostati njihovoj djeci!

— Nije to njima krivo — odgovarala je Ićanova Marija s podsmijehom zbog naivnosti koju pokazuju ovi građani u seljačkim stvarima — nego 'oće da je omraze s mužem pa da je oćera.

— Onda će dovesti drugu, s kojom će možda imati djece, pa će opet biti gore njima.

E, a ko bi sve unaprijed smislio do sudnjega dana! *Intanto* će ovu skinuti s vrata, a za dalje, što Bog dâ!

Naveče, poslije tučenja, bude posijelo, peku se i jedu komadi mesa, bubrezi i džigerica umotana u maramicu — „svinjska daća" — a psi pod trpezom bucaju otpatke i skotna kuja razvlači po avliji odbačene dijelove crijeva. Jede se i pije do ponoći, preko prave mjere i potrebe, koliko ti god srce želi, pa i nešto preko toga. Batali se začas svaka briga, i čovjek nuka i pita sam sebe, gura u se sve dok duša ne procvili i tijelo ne zastenje od svakojakog udovoljenja i od tužne sitosti. To se nahranjuju mjesecima izgladnjele ćelije; jer jedan se put na godinu tuče prase — prase koje se pazi kao najrođenije i za koje se od usta otkida — i pravo je da se bar tad čovjek izdovolji i nasiti.

A onda se iz ljudi digne, kao himna, jednodušna pohvala svinjskom biću, i tupa zasićenost izlije se u ona prazna, obredna seljačka govorenja koja se u određenim prilikama gotovo stereotipno ponavljaju, kao slavski tropari, i koja, zaogrnuta plaštem odmjernog, sporog kazivanja, imaju vid neke starinske mudrosti i iskustva mnogih pokoljenja. Neki stari čičica pljucne kroza zube (takovo pljuckanje neminovno prati izricanje dobro odvagnute misli), pa rekne:

— Pravo kažu ljudi da prasac sam sebe plati!

— 'Est, brate, neka mu je blagosloveno sve što po'ede! Što mu god daš, ništa nije izgubljeno, sve ti on pošteno vrati — on je, što reku, najpošteniji dužnik.

— 'Est, duše mi!

I tako bez kraja i konca.

I Zadrani su jedan-dva puta prisustvovali takovim „svinjskim daćama", ali je najzad glad mesa ustupila pred sitošću duše, pa su se više rijetko i nerado odazivali. Tad bi im seljani pokatkad odvojili i poslali komadeljak mesa, koje su oni rasijecali na sitne šnicle i pržili s jednim jajetom, zadovoljni i uobročeno siti u svome miru.

Posred te opće zauzetosti, ostali su još usamljeniji. Ićan je povazdan bio u tučenju i po daćama, i dolazio je kući kasno naveče, obično pijan. Činilo im se da se ti ljudi brane svinjskim mesom od briga i od nesigurnosti koja zjapi oko njih, da se njime zaglušuju, zapušavaju uši da ne dadu pristupa zabrinutosti i zeblji.

Žudnja za odlaskom u njima je rasla, raspinjala ih, savladavala, pa se polako skrutila i pretvorila u odluku. Poslije duljeg pretresanja i savjetovanja sa šjor-Karlom, Ernesto je došao do zaključka da mu je zaista najpametnije odseliti. U gradu nije imao više ništa — stan i radnjica razneseni i porušeni. Svi su izgledi da Zadar neće ostati pod Italijom — nema što da čeka ni čemu da se nada. Sa samih svojih deset prsta ne može da računa da će mu igdje biti dobro, ali će valjda moći da zarađuje toliko da bude onako polusit, odnosno onako polugladan, kao što je ovdje. A što će srce malko propištati zbog rastanka s rodnim gradom, i to treba podnijeti i pregorjeti, i tješiti se mišlju da to čini za svoje dijete, da će bar ono uzrasti u uljuđenijoj sredini i tamo naći bolju sreću i bolje mogućnosti nego roditelji. Ona ovaj kraj neće ponijeti u pameti i nikad je za njim neće zaboljeti srce. Tom budućom bezbolnošću djeteta tješili su svoju sadanju bol od rastanka.

Šjor Karlo mu je sve to odobrio i podržao ga u odluci. Iskoristio je taj momenat da mu, u okviru pretresanja sudbine cijele izbjegličke kolonije, povjeri i svoju ličnu odluku koju je prije nekoliko dana stvorio i sve tražio zgodnu priliku da je saopći najbližima.

— A mi — tu je pokazao na Anitu koja je s Lizetom koračala pred njima — mi ćemo se vratiti u Zadar. Obavit ćemo vjenčanje, onako po ratnu, bez ikakvih svečanosti, u našem starom svetom Šimunu, i sačekati konac rata — pa što bude! Mi smo prestari da se sada presađujemo.

Zamolio ga je da zasad zadrži tu stvar u tajnosti (a to je trebalo da znači da ništa ne govori Golobima i Morićima).

Donerovi su se tako počeli pripremati za odlazak. Ernesto je češće išao u Zadar da rasproda posljednje ostatke svog namještaja iz kuće i iz radnje — rasklimane stelažice, čivluke i veliki stari kredenac koji je ostao pošteđen od pljačke zato što je bio preglomazan da bi se mogao iznijeti onako u komadu kroz vrata a premalo vrijedan da bi se pljačkaši potrudili da ga rastavljaju. Tri je puta prepisao načisto molbu za iseljenje i napokon je predao, s osjećajem olakšanja što je time kolebanje i premišljanje konačno presječeno. Uvršten je u spisak onih koji čekaju na odlazak. Otad su se Donerovi počeli smatrati ,,odlaznicima" i otad su svaki njihov čin, riječ i misao bili pod tim vidom. Mada mu je rečeno da će biti službeno obaviješten kad dođe njegov red, dva puta sedmično putovao je u Zadar da čačka i požuruje, jer je čuo da bolje prolaze oni koji kopkaju i dodijavaju, dok strpljive i disciplinovane često preskaču drugi, docnije upisani. Oni koji su odlazili za svoj račun s tim da se u Italiji izdržavaju iz vlastitih sredstava, dakako, bivali su otpremani bez zadržavanja, prvim parobrodom, dok su nezbrinuti, koji su padali na javni teret, trebali da čekaju dok im se osigura kakav-takav smještaj.

Ernesto se vraćao iz Zadra nekad vedar nekad potišten, već prema tome kakve su mu izglede dali u uredu za otpremanje. A Lizeta je s nemirom čekala njegove povratke i žudno mu čitala s lica, još prije nego bi sjašio s bicikla, kakve glase donosi. Strahovali su gotovo sujevjerno da im kakva slučajnost, kakva činovnička formalnost ili zakučica u zadnji čas ne bi onemogućile odlazak. Ernesto je zebao kad mu je njemački vojnik na granici zadarskog teritorija malo dulje pregledavao propusnicu. Usiljeno se smješkao nastojeći da udobrovolji šutljivog stražara pod kabastim šljemom, i pomoću onih nekoliko riječi njemačkog što je znao upinjao se da mu objasni kako je njegov djed bio Nijemac (mada to, u stvari, nije bio njegov djed, već pradjed), kako je u Zadar došao kao feldvebel, negdje iz Sudeta (računao je da će Sudeti biti naročito prirasli srcu njemačkog stražara), te se u Zadru oženio s Anetom Šašić i s njom izrodio talijansku djecu. Prešavši sretno granicu i zajašivši ponovno na bicikl, naknadno bi se toga malko zastidio, ali bi taj osjećaj odagnao pomišlju: „kad je vicebrigadiere Đona mogao da priča da je porijeklom iz Engleske, mogu i ja da kažem da potječem iz *gornjih krajeva;* tim više što je to, na koncu konca, i istina!"

XXXI

Dva događaja osnažila su riješenost Zadrana da napuste Smiljevce i pospješila njihove pripreme. Prvi je bio taj što je jednog jutra Lina, sasvim neočekivano, izbacila krv. To je prenerazilo čitavu „Ićanovu grupu". Anita se povukla dublje u ćutanje, jedino su tamni podočnjaci odavali njezinu zabrinutost. Sama Lina, protivno onom osjećanju samopoštovanja i porasle vlastite vrijednosti kod prve pojave bolesti, osjetila se postiđena i manje vrijedna. I sad je hodala kao da je od stakla i tiho govorila, ali je to činila zlovoljno i bez uvjerenja. Gledala je Špižmicu tužna oka ne smijući da joj se odveć približi.

Šjora Tereza je te večeri pozvala preda se Alda i najprije ga ozbiljno upozorila, popraćajući riječi kažiprstom, da joj mora odgovoriti pravu i cijelu istinu. Već od tog uvoda Aldo je teško gutao slinu. Zatim je od njega zatražila da joj kaže, pod ispovjednu i prosto od svake kazne i prekora, da li se kada s Linom poljubio u usta. Bijedni je mladić crvenio i mucao od neprilike što ga tako nešto pita, a ona je to uzela kao polupriznanje i pritisnula još upornije zapitkivanjem. Na to se Aldo rasplakao; šjori Terezi nije trebalo više od toga. Rekla mu je neka se smiri i ponovila mu da to neće odati nikome, ali da on, zauzvrat, mora obećati da će joj smjesta javiti ako ispljune i najmanji trag krvi. — Otada se Aldo stalno osjećao po nečemu kriv pred šjorom Terezom i uvijek pred njom obarao oči, dok ih god život nije rastavio.

Šjor Karlo je hodao nekoliko dana zamišljen i najzad im saopćio, već kao svršenu stvar, što je poduzeo: pisao je bratu u Alto Adiđe da bi mu poslao na nekoliko mjeseci djevojku da se oporavi na srednje visinskom zraku, kao što joj je savjetovano. Uz put mu je na prikladan način spomenuo da on uzima na se onu mjenicu koju mu je svojedobno potpisao za nabavku pokućstva prilikom njegove ženidbe. Najavio mu je i to da će mu po samoj djevojci poslati zlatni sat sa lancem koji je njihovom pokojnom ocu, dugogodišnjem prednjaku dobrovoljne vatrogasne čete, predao stari načelnik Bartoleti, kao znak priznanja što se u nebrojenim prilikama istakao spasavajući pogorelce uz opasnost vlastitog života.

Drugi događaj još ih je dublje potresao i gotovo bacio u zasjenak Linino pitanje. Jednog jutra iznenadio ih je glas da je te noći u svojoj kući ubijen Glićin sinovac Mirko Biovica. Jadni *„Biondo"!* Stvar je dakle postajala ozbiljnija: došao je eto red i na poznate. Šjor Karlo je opet postavljao pitanja na seljane, opet je ponavljao ono svoje nemoćno „žašto, žašto?!"

— A eto, svakom jedanput dođe smrtna ura, moj šjor--Karlo — odgovorio mu je mudro jedan stariji čovjek. — A daj ti bože znaj kad će kome doći — može odma sutra meni, vama, svakome. Na ovom si svijetu prolaznik, što reka onaj.

I ostali su svi povlađivali takvom govorenju, i niko ni jednom riječi ne otkri jasnije svoj stav.

— Tako je bome. Danas jesi — sutra nijesi!
— Ali tako dobar, pošten čovjek! — neće da se urazumi šjor Karlo.
— A „dobar", „dobar"! Što koristi da je dobar, kad ga više nema! Što vele, dobrom dođe kraj isto ka i nedobrom.
— Ali čovjeku je to teško gledati, srce ti se buni, žao ti je!...
— Žao! Ta gre'ota je čovjeku mrava na putu ili bube, nekmoli krštenog čeljadeta. Ali što mu možeš!

Glićo je sjedio kod kuće i samo odmahivao glavom. Šjor Karlo mu je šutke stisnuo ruku u znak žalovanja.

— A eto, došlo je da se ćojeku više ne mili živsti! Što ćeš drugo da ti kažem?!

Nije bila prilika da se navaljuje pitanjima. Od Gliće

svrati u susjedstvo, k Milenku Katiću. Milenko je izgledao zlovoljan i hodao velikim koracima po „kamari" — onoj prostranoj blagovaonici za svečane prilike i gradske goste.

— Ja vam govorim: došli su takvi zemani da čovjek sve gleda đe će poginuti. Trudiš se, mučiš se, kinjiš se, paziš svoj posao — a odma' te noćas može mrak odnijeti. Ja vam pravo kažem, dođe katkad čovjeku da bi sve ovo batalio pa se maknuo dalje odavle, u Taliju ili već tamo đe drugo, dok sve ovo ne prođe!...

— Da žašto baš njega? Ko je i žašto njega mogao mrziti, tako mirnog, dobrog čovjeka?

— Pustimo to kraju — dobar ili nedobar, sad svêdno, o tome nećemo govoriti, ali tako isto sutra može mene, vas, ono dijete što se tek rodilo i što još ništa ne zna — svakoga!

Šjor Karlo je otišao zbrkanih osjećaja i pomršenih misli. Imao je utisak da na neki način žale sam čin više nego ubijenog; a ubojice uopće i ne spominju i nastoje da ih obiđu i onda kad ih drugi spomene. Ne zanimaju ih uzroci i pobude, to nije važno — neće da ulaze u tuđe račune. I kao da je događaj nemio i ružan ne toliko sam po sebi, koliko kao znak vremena i opomena na neku opću nesigurnost, na ćudljivost igre smrti koja se džilita sljepimice. — Ko da to razumije! Da je stara popadija živa, valjda bi im ona umjela objasniti pozadinu i skriveni smisao tih zbivanja.

Naveče kad se Ićan vratio kući, prilično napit, odnekud gdje su tukli krmka, pokušao je šjor Karlo da od njega nešto više sazna. Naravno, i Ićan je na prvo i glavno pitanje: „ko ga je ubio?", lako odgovorio:

— A ko to može znati? Ne znam ja svêdno ka ni vi. To može znati samo onaj ko je učinio — i noć. I niko više.

— Dobro, ali bit će još neko tu bio, neko od domaćih, od susjeda...

— Brate, ako ko zna, neka kaže. A ja i vi ne možemo znati, jer nismo tamo bili — je li tako?

— Ali barem da se zna žašto, za koji razlog!

— E, moj šjor-Karlo, evo ja ne mogu znati, s oproštenjem, što je sad vami u džepu, ili, reći ćemo, vi meni a kamoli ćeš znati što je kome u duši i u glavi! Zamiješaj svoj dinar s tuđima, pa ga više nećeš moći razaznati i reći: evo ovo je onaj moj! Ugaziš na bus trave, a pod njim more biti zmija, pa cap za nogu. Ko će znati ko što kome misli i čijoj kući vode koji konci! Čovjek se ne želi nikome zamjeriti, gleda da bude sa svakim u miru — pa opet, može ti sutra, može odma' noćas doći i dignuti te s kreveta. A svak se boji svojoj glavi i svome dobru. Evo što je: nema mira u narodu — u tom ti je stvar.

Tako završi Ićan, i nagnu još jednom iz bukare, pred spavanje. Otra rukavom usta pa nadoda:

— ... Nego najbolje: pazi svoj posao, i u drugo ne pačaj! Ćuti, ne obziri se za drugim — i nikom dužan. Jere ko mnogo divani, od toga neće nikakva dobra viđeti. Evala onom ko zna mučati!

Možda se pobojao da je, onako pijan, rekao i više nego je trebalo, pa je htio da time povrati i poništi previše rečeno.

Šjor-Karlu se pušila glava od tolikog nesuvislog govorenja. Još dugo pošto je legao uzaludno je premišljao o svemu tome. A ujutro mu se već počelo pomalo bistriti. Pojedini stavovi Ićanova mudrovanja, povezani s nekim drugima zadobivali su ipak nekakvo značenje, i na koncu je dobio utisak da u čitavom tom motanju ima odgovora na mnogo što samo ne onim redom i onim načinom kojim je pitao. Ti ga pitaš: ko je ubio? — a on ti, drugim riječima, odgovara: ti to znaš kao i ja, pa čemu me onda pitaš? Pitaš ga zašto selo muči, zašto muči i najbliža rodbina, a on ti odvraća: eto vidiš, kad muče oni, kako možeš tražiti od mene da ja govorim? Ti kažeš: zar niko ne žali za pokojnim Mirkom? — a on opet tebi: od žaljenja njemu nikakve koristi, a tebi može da ode glava. A kroz sve to još kao da ti obazrivim načinom kaže: zelen si ti, moj šjor-Karlo, za ove naše račune.

XXXII

Nekoliko dana kasnije, nestade iz sela Drage i njegove družine. Govorkalo se da su otišli u Liku. Selo dahnu nešto slobodnije.

— Neka, ja, i tamo treba stvari malko urediti!

Tada se počnu malo-pomalo razvezivati jezici i doznavati potankosti o Mirkovoj pogibiji. Neko natukne jednu pojedinost, neko nadometne drugu, a i Glićo je postao razvezaniji. Iz svega toga, proizlazilo je otprilike ovo:

One noći, oko dva sata, zakucalo je na vratima. Mirko je ustao i, onako u bječvama, upitao kroz vrata ko je. „Ja sam, imam ti nešto reći" — odgovorio je Dragin glas. „Ne otvaraj, jadanče!" — prigušeno je zavapila žena s kreveta. Mirko stade časak pred teškom odlukom, pa nemoćno odmahnu rukom — i otvori: s Dragom nije nikad imao kakva spora, ili i samo nesuglasice, a znao je da bi vrata od prvog udara kundaka popustila. Uniđe Drago, malo kao zbunjeno, s onim smiješkom koji mu gotovo nikad nije silazio s usta i koji je, od te vječite upotrebe i duge navike, postao nekako ukočen, voštan — ne više smiješak, nego nešto oguglalo, kao žulj. „Imam ti nešto kazati" — dahnuo je Drago povjerljivo, gotovo kao da hoće prijatelja da upozori na opasnost koja mu prijeti; oči su mu nemirno zvjerkale naokolo; — „iziđi čas da ti kažem". — „Ne izlazim nikuda iz kuće" — odvrati ustreptalo ali riješeno Mirko — „već ako imaš da mi što nasamo kažeš, pođimo tamo" — i pokaza rukom na izbu odijeljenu daskama. Mirko ponese kusatak voštanice a Drago pođe za njim. Na podu je ležala hrpica ječma, o klinu visjela s grede dva klipa crvena kukuruza vezana komušom u par, i ribež za kupus; u uglu bačvica sa slavinom. Drago sjede s pola tura na sto; pušku je držao poprijeko u krilu. „Uh! ožednio sam, daj mi da se napijem!" Mirko uze bukaru i iz bačvice natoči dopola; ispod oka je gledao kako Dragin kažiprst nemirno igra oko obarača. Vratio se i stao preda nj s bukarom u ruci; kosa mu je bila uskušljana od spavanja; gledao je Dragu svojim plavim zaleđeno mirnim očima ispružajući nesigurnom rukom bukaru. U uglu šušnu miš. „Što j' ono?" — preznu Drago. Mirko pogleda onamo, a u taj čas opali hitac, ravno u trbuh. Drago skokne i kao strijela izleti napolje. Bio se već dohvatio brijestâ više jaruge kad se začuo iz kuće lelek i zapomaganje.

— Hm! A kažeš da nije bio s njim u neprijateljstvu? — snebivao se šjor Karlo. Glićo samo izvadi lulu iz usta i podiže ramena.

— Ne bi on to, bolan, učinio onako od sebe, da nije od nekoga naslan! — primijeti jetko jedan sa strane.

— Naslan?? A od koga, zašto?

— Od dušmana, bome, a da od koga bi! Valjalo bi pitati odakle je doša k Mirku i đe je dotad bio.

Tek naveče, na veliko navaljivanje i u velikoj povjerljivosti, Ićan najzad procijedi šjor-Karlu da se govori da je te noći Drago sa svojim društvom pio dokasna u kući Milenka Katića i da je odatle ravno otišao k Mirku.

— Takooo? — zgranu se šjor Karlo. — A je li Milenko bio u svađi s Mirkom? Kako su živjeli?

— Jesu se nekad parničili, ali davno. Zbog onog komada ledine što je iza kuće Milenkove — Milenko je onud htio da probije izlaz iz avlije ravno u onaj mladi vinograd što vam je pokazivao onda kad smo se vraćali s Gradine, sjećate li se, da ne mora kolima zaobilaziti naokolo, onom uličicom. Gonili su sve do najvišeg suda, pa je nekako pravda ostala na Mirku. Ali dâaaa! Kad je to bilo! Još prije rata!...

Zadrani su se samo zgledali. Tako dakle! Dakle i Milenko!

Gorčini razočaranja pristupila je i izvjesna postiđenost što su bili tako naivni i lakovjerni.

— *Dio mio, Dio mio! Che vita! Che paesi! Che costumi!*[1]...

Šjor Karlo se spomenu da je neki dan — ni osam dana poslije Mirkove pogibije — sreo Glićuu gdje na sebi nosi k

---

[1] Bože moj, bože moj! Kakvog li života, kakvih li krajeva, kakvih li običaja!

Mijatu Šušku vreću kukuruza u klipama da ih ozrnja na runilici. Spomenu se i toga da je nekoliko dana ranije Mijat govorio da je to runilica Milenka Katića i hvalio je kao najbolju u selu. „Nije moguće" — pomisli sad šjor Karlo — „da i Glićo to ne zna, pa se i pored toga poslužuje spravom čovjeka koji mu je došao glave rođenom sinovcu! Znam, život je život i nužda je nužda, ali opet!..."

Nekad davno, još u mladosti, pročitao je romančić iz morlačkog života, *Cavalleria Morlacca*, u kojem je Đovani Oberle, sin doseljenog upravnog činovnika i sudski adjunkt u Brekanovcu, bio opisao jednu vitešku krvnu osvetu među kršnim morlacima u bogato izvezenim košuljama, i gdje je krvarina sretno završavala mladencima između dvije zakrvljene kuće. — Kako li je to malo sličilo ovome!... — „Vremena su se promijenila" — umovao je šjor Karlo — „stari običaji su se iskvarili i izgubili!" — „Istina" — prisjećao se dalje, vraćajući se na Glićin slučaj — „Glićo se pravio kao da ne zna čija je runilica, kao da vjeruje da je Mijatova. Možda i on misli: ako ne ozrnjam, od toga gore meni a ne njemu; a što se tiče osvete, doći će valjda kad-tad i tome vrijeme. Ni Milenku se nije žurilo!"

— Ja znam, moj šjor-Karlo — započe Ićan poslije neke pauze, ne hoteći da se to uzme kao odgovor na šjor-Karlove usklike, koje on, zvanično, nije razumio — ja znam, govore ljudi da smo ovaki, i 'naki, i svakakvi. Neću reći, znam da jesmo, osim krsta, ka beštije. Krivi smo, ne branim. Ali krivi su i drugi, i to može biti više nego mi sami. Vi vidite, molim vas, kako nam je, kako živimo. Ko se za nas brine, ko o nama računa vodi — van kad mu za što zatrebamo? I meni se koji put, vjerujte mi, popne do grla, dođe mi da sve skupa pošaljem bestraga, tresnem kapom o zemlju i rečem: „E, živote,... k vragu kad si ovakav!" Ali čas kasnije dižem opet kapu iz prašine, tarem je rukavom i nasađujem je na glavu — nema se kud kamo iz ove kože!

Pomučaše svi. Ićan pročarka vatru na ognjištu.

— Ali što koristi o tome divaniti? Ništa nego duraj i duraj — i tako do smrti!

Prosušeno korijenje nekakve travine učupane u vinogradu zamirisalo je na vatri mirisom ljekovitog bilja.
— *Bisogna partir!*[1]... — uzdahnu šjor Karlo umorno.

XXXIII

Opet je prosinuo jedan vedar dan. Svu noć je duvala jaka bura i razgonila oblake. Pred zoru je jenjala pa je jutro osvanulo sunčano i plavo: tek s vremena na vrijeme prozviždao bi surom visoravni pokoji zalutao, skršen zamah, preletio dalje, zaigrao nasred zadarskog kanala i zavrtio srebren vijorčić pjene iz kojeg bi zadimio pramen vodene izmaglice, da malo kasnije izdahne negdje na pučini.

Ernesto je ranim jutrom odjašio u Zadar — danas je napokon dan (petak, ali možda će ovoga puta biti sretan) kad je trebalo da dobije u ruke isprave za odlazak. A u slijedeći četvrtak — zbogom Smiljevci, zbogom Dalmacijo, zbogom dosadašnji živote, sa svim tvojim svijetlim i sjenovitim stranama!

Od brata Kekina stigao je šjor-Karlu povoljan odgovor u pogledu Line: neka dođe, pa što bude nama, bit će i njoj! Tako će i ona do Trsta putovati s Donerovima. Anita je po sav dan zauzeta pripremama; uređuje joj i upotpunjava garderobu, prekraja joj jednu svoju tamnu haljinu, za večer.

Poslije podne, pao je i zadnji ćuh vjetra. U prisoju pod Ićanovom kućom čisto je toplo. Lizeta sjedi uz prozorčić i plete. Na avliji je tiho; u uglu, pod starim košem za mast, rakoli kokoš; pred prozorčetom, Špižmica tepa u svojim kolicima, na suncu.

Lizeta plete. A misao joj luta, krilom se dotiče sjećanja iz djetinjstva, iz djevojaštva, iz prvih godina braka, pa raznih momenata proživljenih ovdje u Smiljevcima — a zatim pada na nepoznati, dočaravani kraj, na sanjanu a nikad

---

[1] Treba otputovati!

viđenu zemlju u koju se eto spremaju poći. I ta je nepoznata zemlja mami nekom nostalgijom, prikazuje se pred očima u svjetlosnim panoramama, u sunčanim pejzažima. Ali čas kasnije zazebe je u srcu kao od uboda ledenog šiljka, i slike se prevuku sivilom, panorame neosjetno izblijede, a pred oči joj iskrsne dolazak u neki strani, magloviti grad, pod injem sitne kišice, uz čegrtanje džinovskih lučkih dizalica čiji se vrhovi gube u oblačnom nebu. No to brzo ispline, i opet se prospe sunce po cvjetnim pejzažima i raspjevanim baštama. Srećom, lijep je dan, a po lijepu danu svi su vidici vedriji i sve tuđine pitomije.

Savladava nestrpljenje s kojim očekuje Ernestov povratak — sigurna je da su uređene i posljednje formalnosti. A tad se javlja novi nemir: nemir putovanja.

Odloži pletivo i ode u „vatrenu kuću" da pripremi obrok za Špižmicu. Bože, koliko se čeka dok na tim nesretnim ognjištima uzavre lončić mlijeka! A mlijeko je nekako pakosno, voli da s nama tjera svoju zasjednu igru: privuče svu našu pažnju, pa nas onda muči, iskušava našu strpljivost: kapa njegove pjene izdiže se ukleto sporo pred našim očima — rekao bi da naš pogled, kao pletaća igla, probija njegovu tanku opnicu i ne dâ mu da uzavri. A čim samo načas pogled skreneš u stranu — smjesta se uspne i prekipi.

A, međutim, Migud je lunjao po avliji, prinjuškivao ispod vrata izbice u kojoj je pljeva, češkao se u ugao pojate, plašio i rastjerivao kokoši sa legla. Zatim se uputio prema prozorčiću s kojeg mu je Lizeta katkad bacala koricu hljeba, ali se svrne s puta za nespretnim patkom. Patak umače, a on nastavi put, dahtav i težak. Primaknu se kolicima. Onjuška ih svud naokolo, počinjući čak odozdo, od samih točkova, i najzad zaviri preko ruba na dijete. Njušne tri-četiri puta udišući, pa, u duljem dahu, izduva zrak; opet četiri mala udaha — pa dulji izdah, popraćen tihim groktanjem. Dijete je gledalo rastvorenim plavim očima grdnu sliku što se pomolila na njegovom vidokrugu — rubu njegovih kolica. Po mekom licu razlio se strah, da se čas kasnije raspline u osmijehu u kojem iz krezubih ustašca sinu dva donja sjekutića i umijesi se rupica na obraščićima. Osmijeh nailazi na lice i briše se s njega, naizmjenično, kao kad mjesec zalazi za oblake pa opet izgrijeva. Ali, očice su uvijek, i kroz osmijeh, malko zaplašene, i taj osmijeh kao da hoće da učara nepoznatu zlu silu. Migud ponovo njuška; četiri mala udaha, pa izdah — *bu-bu-bu-bu* — *tleeee!...;* dakle, ipak je šala, to se samo igra!... Ali onda, jednim mahom Migud poremeti redoslijed, prekide igru grdnim groktanjem — dijete se uskosi, razrožno zamlatara ručicama — i razvaljene ralje životinje padoše po djetencetu. Mala se zacenu — prejak bol zakašnjavao je provalu glasa, tako da je trebalo jezivo dugo vrijeme od ugriza do vriska — lice se jarko zacrveni, vjeđe nabreknuše u debele nabore koji su postepeno modrili, a u četvrtasto razjapljenim ustašcima pokaza se resica pod jezikom. Drugi ujed pade na djetinje lice i zbrisa izraz bola prije nego je vrisak i prolomio. Tako se sve svrši bezglasno.

Dirnuta kao nekim predosjećajem (tako joj se bar kasnije činilo), Lizeta pograbi tek uzavreo lončić i pohita k prozorčetu. Krmak je mljaskao podigavši gubicu i gledao ravnodušno u Lizetu. Tek onda pogled joj pade na kolica.

Ruke joj se zaletješe u kosu, i samo što začu oštar krik — svoj vlastiti krik ali dalek i tuđi.

XXXIV

Svi su bili na okupu u punom broju, i Golobovi, i Morići. Lizeta je, poslije živčanog napada i ponovne nesvjestice, zapala u onu gotovo idiličnu, vanstvarnu smirenost koja nastupa nakon dubokih potresa i koja traje dotle dok se ne prikupe nove snage za nov nalet očaja.

Poslije strašnog događaja, čim se povratila iz nesvijesti, prva joj je misao i želja bila: da što prije dođe Ernesto, da što prije dođe, pa da odveć teški teret preda njemu, da ga objesi o njegove čvrste muškaračke ruke, kao o čiviluk. Činilo joj se kao da će time biti nađen neki izlaz iz te nemoguće, nevjerovatne stvarnosti, kao da će se time na neki način sam događaj opozvati, zanijekati, učiniti neopstojnim. „Samo da dođe Ernesto, samo da dođe Ernesto!" govorila je cvokućući zubima o rub čaše nevidljivoj osobi koja joj je pružala prašak za smirivanje; „samo da što prije dođe!" — ponavljala je Aniti i Marijani koje su je podržavale ispod pazuha, odvlačeći je od iznakaženog tjelešceta.

Nije znala kako se odjednom našao oko nje, sav taj svijet, ni ko je i kada unio kolica u sobu, ni ko je uredio i preobukao dijete i opet ga složio u kolica. Samo se sjećala časa (je li to bilo nekad davno-davno ili maločas?) kad je stigao Ernesto i kad mu je pala na grudi prorupivši u jecaj koji začas oblakšava, i opet se obeznanila.

Sad se smiješila dobrim iznemoglim osmijehom Lini koja je, sva u suzama, šiljala vršcima prstiju poljupce prema Špižmičinu odru, ne primičući se preko neke linije i pregibajući se u struku kao da se naginje preko nevidljive balkonske ograde.

Špižmici je bila navučena na glavu ružičasta kapica, malko više nategnuta na oštećenu stranu na koju je prebačena i kosica, a glava joj je okrenuta gotovo u profil, tako da se vidjela zdrava strana lica. Pokrivač joj je bio navučen do podbratka. Aldo i Bepica tiho su šaputali u uglu, a zatim su opreznim koracima i na zastanke prešli na onu stranu odakle se mogao nazreti oštećeni dio lica. Njihovo obazrivo izvedeno pomjeranje izgleda da je primijetila samo šjora Tereza, jer ih je očima opomenula; tad su se pokunjili i pridružili Lini.

Za te utoline, u jednom od momenata one njene malko jezive mirnoće, Lizeta je zapazila da Anita i šjor Karlo po prvi put jedno drugo oslovljavaju „ti". Ali to je nije začudilo. Štaviše, tome se milo osmjehnula — činilo joj se tako prirodno da se na taj dan svi ljudi oslovljavaju sa „ti" i da se, u tolikoj nesreći, među sobom osjećaju braća...

U glavi joj se lagano maglilo, kao onda, u prvo vrijeme poznanstva s Ernestom, kad je na jednom plesu popila čašu šampanjca i govorila svakakve vesele besmislice kojima su se toliko smijali... Oči su joj se pomalo sklapale. Anita dade znak muškarcima da će možda malo usnuti, pa se oni polako izvuku iz sobe, odvodeći i Ernesta. Posljednji izađu Lina

s Aldom i Bepicom. Tri žene ostanu oko Lizete.
Ljudi posjedaju kod ognjišta. Stanu savijati cigarete, pa pripale. Ernesto je naslonio laktove na koljena i spustio glavu među dlanove. Nogavice su mu bile još uhvaćene štipaljkama, kako je sašao s bicikla. Do njegove otupljele svijesti nije dopiralo ništa od onoga što se oko njega govorilo i zbivalo.

Ićan je, na glas o nesreći, odmah skinuo sa sebe kecelju u kojoj je kod Petrine rasijecao prase, ostavio sve i doletio kući. Vijest ga je smjesta otrijeznila; tek mu je ostala mala nesigurnost u koljenima. Sjedio je na pervazu ognjišta i lagano treskao glavom. Šjor Karlo, najbliži do njega, reče mu tiho preko ramena.

— Nikad nisam čuo da prase može pojesti dijete!
— E dâ, i te kako, moj gospodine! Nije nego i lani pojelo jedno Marku Mlinaru, i to kako pravog muškića!... Da je pobrojati svu djecu što je po ovijem selima pojelo prase, samo otkad ja pamtim, bila bi ih, bogami, lijepa četica!...

Pošuti pa opet zanjiha glavom.

— Da vam je znati koliko sam ja puta u mom životu, majko moja, zažalio što i mene nije pojelo dok sam bio mali! Nikakva zla ne bih znao — za me ne bi bilo ni bolesti ni gladi, ni rata ni morije, nit' ikakva jada!...

Stara Vajka došulja se, nečujno kao kućni duh, ošitu što je dijelio Donerovu izbu, i ne otvarajući vrata, upita svojim šušljetavim glasom:

— Râno, bi li zericu varenike?

Iz izbe ne bi odgovora. Valjda je Lizeta usnula a čuvarice ne dahnuše da je ne probude. Ljubeznost, upuštena, pade u prazno. Vajka se otšulja odakle je i došla.

Razgovor je zamro. Ićan pomisli da je red da ga oživi.

— A ja sve računao: bože daj budemo živi i zdravi, pa će o Jovanjoj biti pečenica i za nju! Ali šta čovjek, jadan, zna? Mi računamo: i ona će, valjaj, jesti od njega, koliko-toliko — a kad tamo... — jes' vidio kako ispade!

Diže se i iziđe da namiri životinje.

— *Dio mio, che condizioni! I vive proprio come le bestie!* — uzdahnu šjor Karlo.

— *E no i xe altro che bestie!*[1] — dometne Narcizo Golob.
— *Perché i xe bestie?* — upita djetinjski zainteresovan slaboumni Bepica vukući oca za rukav. Pred očima su mu bljesnule slike iz slikovnice „*Vesele životinje*": lisica s visokom kragnom i dirigentskom palicom, slonovi u isprutanim kupaćim gaćicama što nose jaje na drvenoj žlici...
— *Papà, ma parché i xe bestie?*
— *Parché cosi Iddio li ga creà!* — izreče odmjereno, dubokim glasom šjor Karlo.
— *Ah, 'sto vostro Dio, 'sto vostro Dio!*[2]... — zavapi s pobunom Ernesto koji se pomalo vraćao u stvarnost i ulovio uhom zadnji odlomak razgovora.

XXXV

Napolju se bilo smrklo, Ićan se na avliji mimoiđe s Vajkom koja je prebrajala kokoši. Na avlijska vrata nagrnula komšijska djeca zavirujući radoznalo unutra. Saletješe staricu zapitkivanjem:
— Strina, koje je izjelo malu, je li *on* ili krmača?
— Odlazite otale, 'ajte kući, tražit će vas mater!
— Ali reci nam, koje? je li on ili ona?
— Ma on, on, sreću mu vrag odnio! — udovolji im stara, samo da ih se oslobodi. — Sad 'ajte kući, zove vas mater!
Ićan iznese iz kuće oku dopola punu kukuruza i pođe ka kočaku. Migud ga dočeka krotkim roktanjem. Ićan ga odgurne potplatom.
— Marš, gubo! Malo l' ti je zar? — I sasu oku pred krmaču.
Migud ga pogleda odozdo naviše, malko iskosa, i taj kosi pogled imao je nečeg žalostivog i prekornog. Pa pognu

---
[1] Bože moj, kakvih li prilika! Žive baš kao životinje! — Pa i nisu drugo nego životinje!
[2] Tata, ali zašto su životinje? — Jer ih je tako Bog stvorio! — Oh, taj vaš Bog, taj vaš Bog!

glavu i stade dohvatati čedno, s kraja, zrnje što se otkotrljalo s hrpice. Ićan mu to nije branio.

Počeka dok je krmača pozobala pa iziđe iz kočaka i za sobom povuče kračun. Cijuk zarđala kračuna oglasi se u mirnoj vedrini noći kao cičanje pričepljena šteneta. Ićana je savladavao umor od uzbudljivog dana i popijenog vina. Uputi se prema „gromili" pod murvaćem. Nebo je bilo zvjezdano i sasvim čisto, bez oblačka, jednolično jasno i puno sjaja, tek na jednom kraju jasnije, od razlivene mrlje Mliječne staze. Zaspala avlija bila je poplavljena plavetnilom i tišinom; samo okno zagušene izbe gdje sjede Zadrani — žuta četvorina svijetla — stajala je sama o sebi, nijema, izdvojena iz te vedre noći. U tišini čulo se jedino kako Ićan škropi po „gromili". Izvrati glavu i pogleda u nebo.

— Izvedrilo — reče sam sebi. — Ugoda za oranje.

Iz sela je dopirao pasji lavež, ravan i zvučan, ničim neizazvan, bezrazložan kao pjesma. I taj lavež kao da je pojačavao vedrinu neba i razmicao granice prostoru daleko preko vidokruga. Negdje u selu lupnu ljesa i začu se preklani blêk mutave Sàve. Kroz golo granje murvaća Ićan gleda u plavo nebo i klati se umoran i pijan; pod pazuhom mu prazna oka — jamica mraka što zjapi, kao da plaši malene zvijezde.

IGRA MRAKA I SVJETLOSTI

„Sa neiskorjenjivim epskim elementom u duši, gorštak u dubini svoje biti, savršeno nepomorac, konzervativan i patrijarhalan — i zato nepodoban da se pod uticajem Zapada osjetnije psihički modifikuje — skrajnje zapušten i zaostao, ovaj je Dinarac ostao zatvoren u svom krugu i upućen na sebe sama. Sa takvim svojstvima i u takvim prilikama, on je svojim umjetničkim sklonostima mogao da dadne izraza u epici, u vezivu i tkanju, u rezanju drva — i u jeziku. Kao onaj koji tka u mraku, morao je da svoje stvaralačke sposobnosti zakuje u niže i primitivnije umjetničke vrste. Svoja umjetnička pregnuća točio je u nijemi jezik šara i boja, žarenja svoje duše izvezivao je u svojim vezovima i utkivao u svoja tkiva..."

Kad je napisao ove riječi o svome narodu, Vladan Desnica je imao trideset godina. Već tada izuzetno obrazovan, školovan u svijetu, znalac nekoliko jezika — polako, oprezno i sigurno počinjao je svoj književnički put. Član ugledne i bogate porodice, pokrenuo je u Splitu izdavanje „Magazina sjeverne Dalmacije". U ovom časopisu objaviće i svoje prve književne radove: eseje o Dositeju i Koroliji (odakle je i uzet gornji pasus), nekoliko pjesama i pripovijetku „Životna staza Jandrije Kutlače".

U neobjavljenom memoarskom rukopisu *Učiteljske uspomene*, učitelj iz Ravnih Kotara Rade Ležaić sjeća se Vladana Desnice iz tog vremena, i o našem piscu ostavio je nekoliko lijepih zapažanja. Ležaić piše: „Bio je jako razvijen mladić, neobično lijep, uvijek dobro obučen i dotjeran. Pa ipak, po tome je bio manje zapažen, a više što je bio sin doktora Uroša Desnice, ondašnjeg senatora, i po tome što je bio potomak Jankovića. Bio je vrlo bistar đak i uvijek je prolazio s odličnim uspjehom. Ponosan na svoje pretke i na položaj svoga oca, držao se prilično visoko i uobraženo. Po koji put ne bi pozdravljao ni profesore kad bi ih susreo na ulici... Na momente bio je veoma nagal i imao jako raspaljive živce, pa je za sitne stvari znao planuti. Puno je čitao i uvijek nešto pisao. U našim susretima nikada nismo razgovarali o tome što ga okupira i o čemu razmišlja... Jednom me je molio da mu donesem od popa neke crkvene knjige, što sam ja učinio, pa sam po tome zaključio da i ovakve knjige čita i proučava."

Pred sam početak rata, Desnica je spremio knjigu pripovijedaka za štampu, ponudio rukopis Geci Konu, pregovarali su, a onda, sluteći brz dolazak svjetske apokalipse, rukopis je povukao, i u ratnom metežu, putujući brodom iz Splita za Šibenik, slučajnom zamjenom kofera, rukopis njegove knjige završio je u rukama nekog talijanskog vojnika. Ovaj događaj je kod Desnice izazvao pravu traumu i za nekoliko godina fobiju prema pisanju, da bi se kasnije s tim pomirio i zaključio da svi ti rukopisi i nisu potpuno materijalno propali — sižea i teme, zrelije i dostojnije obrađeni, naći će se u njegovim kasnijim djelima, pa će čak nepoznatog, crnoputog talijanskog vojnika smatrati i svojim dobrotvorom.

Roman *Zimsko ljetovanje* objavljen je 1950. godine, i da Desnica nije bio pisac van klanovskih i svih drugih kortešenja, ova bi knjiga već tada bila proglašena događajem naše poslijeratne književnosti. Proglašavani su velikim ratnim romanima *Daleko je sunce* Dobrice Ćosića, Lalićeva *Svadba*, Ćopićev *Prolom*, Davičova *Pesma*, hvaljen je njihov prekid sa socrealizmom, napuštanje crno-bijelog slikanja, uključivanje u svjetske književne tokove. Desničin roman je ostao po strani, iako je *Zimsko ljetovanje* iskoračilo ispred svih ovih, već lektirskih knjiga, i što je najtragičnije, naša književna istorija ni danas to ne priznaje. Kod Desnice nema ni traga naše poslijeratne proze, pune dobrih i zlih, jasno odijeljenih i raspodijeljenih, nema kod njega, u stilu čika-Stevana Jakovljevića, imitacije eksplozija topovskih granata, onog čuvenog *gru, gru, gru!* u nekoliko redova, što su mnogi naši hvaljeni pisci, valjda u nedostatku pravih metafora, obilato koristili.

Zimsko ljetovanje je dočekano ćutanjem i odbojnošću, a zatim veoma oštrom kritikom, tada nimalo bezazlenog Jože Horvata, koji je u „Književnim novinama" objavio tekst o knjizi, istakavši da je „tu sve jadno, prljavo, sitno, žalosno, mračno, nezanimljivo i nerazumljivo, i život i knjiga o tom životu". Marijan Matković je branio Desničino djelo, kazavši da je „najrealističnije djelo naše najnovije proze doživjelo polemičke i potpuno nepravedne napade". Tada mlad pisac, a danas vrstan pripovjedač i romansijer, Aleksandar Tišma, napisao je u „Letopisu Matice srpske" da je *Zimsko ljetovanje* jedna od srazmjerno malobrojnih dobrih knjiga o prošlome ratu, širokog zahvata... Svoj roman, u veoma inspirativnom tekstu „O jednom gradu i o jednoj knjizi", branio je i sam pisac, veoma dobro i dokumentovano.

Zimsko ljetovanje Vladana Desnice, i ne samo to njegovo djelo, nego i pripovijetke, pa čak i drama *Ljestve Jakovljeve*, kad je riječ o stvaralaštvu ovoga pisca, pominju se uzgred i usputno, čemu je „doprinio" i sam pisac svojim remek-djelom *Proljeća Ivana Galeba*. Pisac jedne velike i značajne knjige, njom samom, potisnuo je u drugi plan, skoro u zapećak, ostala svoja književna djela, kojima bi se mogla ponositi svaka književnost.

Vladan Desnica je *Zimsko ljetovanje* nazvao romanom o jednom gradu, mi bismo produžili njegovu misao, dodali — i o jednom selu. Radnju romana, što nije često činio, Desnica je smjestio u potpuno jasne i prepoznatljive vremenske i geografske okvire. Vrijeme je ratno, sluti se njegov izdisaj, nad Zadar često stižu engleski bombarderi, selo u blizini Zadra zove se Smiljevci, a mi u njemu prepoznajemo piščev Islam Grčki, gdje se često vraćao i rado boravio.

Može nam se učiniti da Desnica pretjeruje kad opisuje Zadar, i selo njegovog zaleđa, kao dva svijeta toliko geografski blizu, a načinom i poimanjem života ipak daleka i antipodna, ali treba zaista dobro poznavati njihovu prošlost, da bi se prihvatila ta slika. Dalmatinski primorski gradovi, za razliku od srbijanskih varoši i bosanskih kasaba, nisu se lako otvarali prema spoljašnjem svijetu i nisu se popunjavali seljačkim elementom. Godinama i vijekovima su se sve više u svoju ljusku zatvarali, podizali visoke zidine i kule, čuvajući se od barbarskih upadanja i kuge. Bili su otvoreni samo prema moru, a morski put je vodio u Veneciju, i dalje, u evropsku civilizaciju; tako je prihvaćena i rimokatolička vjera, latinski jezik, ideje humanizma i renesanse. Sa sjevera, sa surih dinarskih planina silazila je bura, glad, bolesti, stalna turska prijetnja, prema braći hrišćanima iz brda, gradsko stanovništvo, makar i ono najbjednije, nije pokazivalo mnogo samilosti. Vlasi, Morlaci, od latinskih biskupa kršteni kao pravoslavni šizmatici, dobro su došli samo ako brane granicu od Turaka, ako na gradsku pijacu dogone drva, stoku, živinu, jaja, sir. Sve im to treba uzeti što brže i jeftinije, a prodati im što skuplje so bez koje gorštaci i njihova stoka ne mogu, za maslinovo ulje već će se naći zamjena. Na njihov račun, u raspusne pokladne dane, treba se što više nasmijati i praviti šale koje su oporošću gazile svako ljudsko dostojanstvo. Sjetimo se samo čuvene *Novele od Stanca* Marina Držića. Dalmatinski primorski grad je živio civilizovanim životom, na popločanim ulicama, koristeći vodovod i kanalizaciju naslijeđene još od Rimljana, podižući raskošne katedrale u kojima su brujale orgulje, skladali se ljuveni i drugi versi, i posljednji gradski izmećar smatrao se važnijim i srećnijim od ma kojeg brdskog seljanina. Morlaci su živjeli u kućama od suvozida, skoro po pećinama, seleći se za svojom stokom, podižući crkvice bez zvonika, zadržavajući paganske običaje i navike. Kaluđeri iz tri pravoslavna dalmatinska manastira nisu mogli uvesti pravi red, a s druge strane, kad su franjevci inkvizitori pokušali da ih polatine, pokazali su izuzetnu žilavost i pružili jak otpor. Mlečani su im prilazili kao divljim afrikanskim plemenima, pa i sam Alberto Fortis u svom *Putu po Dalmaciji*. Po ovoj knjizi je i izvjesna grofica Rozenberg napisala egzotični roman *Morlaci* — o kojem je lijepo mišljenje imao i sam Gete, knjiga je krajem osamnestog i početkom devetnaestog vijeka doživjela nekoliko prevoda i izdanja. Godine 1806. u Beču se igrao balet „Morlaci", a u Gracu 1817. godine i opera pod istim naslovom.

Ta dva svijeta, pri kraju prve polovine dvadesetog vijeka, u najstrašnijim danima drugog svjetskog rata, u *Zimskom ljetovanju* Desnica oči u oči sučeljava, jedan pred drugim polažu račune. Granica među njima više nije čvrsta kao u prošlosti, ali se ni ne ruši lako, i na kraju, niko ne ostaje samo pri svome.

Zimsko ljetovanje ima vrlo jednostavnu fabulu, sagledljivu sa više strana, pogodnu za različite interpretacije, kao da je u pitanju filmska priča, i pisac ovih redova nije jednom zažalio što po ovom romanu nije već snimljen film.

Za glavne protagoniste romana Desnica nije birao nikakav visok svijet gradskih aristokrata i činovnika, već one koji pripadaju sitnim trgovcima, apotekarima, brijačima i trafikantkinjama, a to je upravo onaj sloj koji obično u gradu, zaslijepljen strašću, svejedno kakvom, vodi glavno kolo i služi kao barometar ostalima. Ovaj sitni gradski svijet je i preemotivan, pun zla i pakosti; u stanju su da pošalju seljaka u apoteku po hljeb, ili u pekaru po aspirin; iz uobraženosti, ako seljak uđe u brijačnicu, odbiće da ga obriju i ošišaju, iako samo od tog posla žive.

U okolnostima kad i jedni i drugi imaju rat na glavi, počeće slučajno, sa obostranom korišću, prijateljstvo zadarskog brijača Ernesta i seljaka iz Smiljevaca Ićana, koji je ušao u brijačnicu, ne da se šiša i brije, već da kupi kolomaza, iako dobro zna da to što traži ne može tu naći, ali pošto je to jedino mjesto u gradu gdje nije ušao i pitao, a da se u povratku kući ne bi kajao, on ulazi. Naravno, kolomaza nije našao, ali je došao do modre galice za vinograd, kojoj opet tu nije mjesto, ali rat je učinio svoje. Brijač Ernesto je došao do pšenice, slanine i jaja, i tako počinje krhko, ratno, poslovno prijateljstvo ova dva čovjeka. Kad engleski bombarderi poruše građanima kuće i trgovinice, a oni jedva izvuku žive glave, sa djecom i nešto gradskih prnja, potražiće utočište u Smiljevcima, kod nepovjerljivih i u sebe zatvorenih seljaka.

Može nam se učiniti neuvjerljivim kad Desnica nabroji nekoliko hibridnih govornih fraza građana koje se tiču seoskog života i svakodnevnih događanja. Tako građani kažu: ,,Eno kokoška viče — sigurno je učinila jaje", ,,Nemoj ići blizu krave, može te ujisti." Ili kad pitaju Ićana: ,,Ima li mlika?!", a on kratko odgovori: ,,Posalo tele" — pa ostaju zbunjeni, da li ima ili nema mlijeka. Desnica odlično zapaža koje su to sve ,,neprirodnosti" stigle sa građanima. Evo još jednog slikovitog primjera: ,,Na drači, kojom je bila načičkana Ićanova avlijska ograda u suvozidu, bijeljeli su se Lizetini neveliki grudnjaci, i preko njih bi katkad pretrčala gušterica."

Bez obzira na to što prividno u selu svi žive istim životom, Desnica i u takvoj sredini otkriva različite tipove ljudskih karaktera i strasti koje se u ratnim uslovima rasplamsavaju, da mučki i iznenada donose smrt, šire strah i siju paniku. Posebno je uvjerljiv lik usamljene popadije Darinke, a njena smrt, pripreme i način sahrane zauzimaju dobar dio romana. Seljaci smrt shvataju najnormalnije, obavljaju svakodnevne poslove, ne žure sa sahranom, i to mora doći na red, a građani bi, ne zbog same popadije, koliko zbog sebe, htjeli da se sve odvija po nekom njihovom redu, ceremonijalu i protokolu, tako im prvo pada na pamet, da o popadijinoj smrti treba ,,nekom brzojaviti".

Kako se istorija poigrava ljudskim sudbinama, i koliko je malo potrebno da tragedija postane farsa, najbolje govori priča o Mili Plačidrugu — seoskom dilkošu, neradniku, varalici, koji mijenjajući zanate i službe, sklanjajući se ispred zakona, slučajno završava među fašistima crnokošuljašima, po hitnom postupku brodom ga na front šalju u Španiju, tamo gine i gubi mu se svaki trag. Makar nakratko, njegovo ime i sudbina mu, u službi politike za koju je dao život i ne želeći to, aktualizovaće se. Fašisti će *Plachidrugu* u rodnom selu podići spomenik, svečano ga otvoriti, a kao kruna spomenika poslužiće kameno korito isklesano grubom rukom nekog Milinog pretka, odakle su godinama jele svinje. Od strane kvaziarheologa krmeće korito će se prevesti u stari vijek i biti ,,pouzdan" dokaz latinske kulture i na ovom prostoru. Odlaskom fašista, spomenik će biti porušen, a kameno korito će opet lizati krmeće njuške. Desnica bez velikih riječi, sa umjerenom dozom ironije i karikaturalnosti svjedoči o jednoj zaista tragičnoj ljudskoj sudbini.

U pozadini ratnih događanja, više ili manje zanimljivih, rastu maženi, nesvjesni svega što se okolo njih zbiva, dvoje ljubimaca. Za građane Zadra to je djevojčica Mafalda, koju su u seoskoj sredini prozvali Špižmica. Za Ićana i njegovu porodicu to je neobični prasac, odmilja prozvan Migud, ravnopravan član ljudskog kolektiva. Špižmica i Migud, u igri mraka i svjetlosti, naći će se oči u oči, dva najbezazlenija stvorenja učiniće *Zimsko ljetovanje* tragičnim, podići i učvrstiti zid između dva svijeta, a čije je rušenje već počelo. U nesvjesnoj i neravnopravnoj borbi-igri, Migud će odnijeti pobjedu, ali će to biti i pobjeda atavizma, primitivizma, bijede i mraka. Zid je ponovo uspostavljen, šjor Karlo će se čuditi i reći: „Nikad nisam čuo da prase može pojesti dijete", a Ićan će, da bi tragediji dao što manji značaj, odgovoriti: „E da, i te kako, moj gospodine! Nije nego i lani pojelo jedno Marku Mlinaru, i to kako pravog muškića... Da je pobrojati svu djecu što je po ovijem selima pojelo prase, samo otkad ja pamtim, bilo bi ih, bogami, lijepa četica!..."

Na kraju, onako kako smo i počeli, najbolje je i da završimo Desničinim riječima: „Čovjek može da umjetnički uspješno savlada temu situacije samo onda ako su mu sredina, prilike, ljudi, mentaliteti, odnosi, atmosfera, pa čak i pejzaži, i štimunzi, i osvjetljenja, mirisi, zvukovi, prisno i od davnine poznati, ako mu je podsvijest uprav natopljena svom tom sadržinom, ako iz te sredine i iz tog životnog sklopa u sebi nosi duboke i prebogate naslage iskustava i saznanja, ako sigurno pozna i nepogrešivo osjeća svaku i najmanju pojedinost, svaki najtananiji psihički pokret, svaku intonaciju glasa; ako u sebi nosi čitavu galeriju tipova, ako ima gotovu i nedvojbeno točnu intuiciju svakog lica i svake njegove reakcije u bilo kojoj datoj situaciji. Čim se pisac samo za časak, samo u jednoj situaciji zapita: što treba da dato lice rekne ili uradi — on se već nalazi na vrlo skliskom terenu..."

Jovan RADULOVIĆ

SADRŽAJ

Zimsko ljetovanje — — — — — — — — — — — — — — 5
Jovan Radulović: *Igra mraka i svjetlosti*, pogovor — — — — — 153

RAD
Beograd
Moše Pijade 12

*

Lektor
Jovanka Arsenović

*

Korektor
Jovanka Simić

*

Štampano
u 10.000 primeraka

*

Štampa
GRO „Kultura"
OOUR „Slobodan Jović"
Beograd
Stojana Protića 52

КАТАЛОГИЗАЦИЈА У ПУБЛИКАЦИЈИ (CIP)

886.1/.2-31
ДЕСНИЦА, Владан
   Zimsko ljetovanje / Vladan Desnica. — Beograd : Rad, 1986
(Beograd : Kultura). 157 стр. ; 18 см. — (Reč i misao. Nova serija ; 402)
Igra mraka i svjetlosti / Jovan Radulović : стр. 153—158.
YU ISBN 86-09-00042-7
I Desnica Vladan
1. Радуловић, Јован, п. пог.
886.1/.2(091)-31
ПК:а. Десница, Владан (1905—1967) — „Зимско љетовање"

Обрађено у Народној библиотеци Србије, Београд

ISBN 86-09-00042-7

www.ingramcontent.com/pod-product-compliance
Lightning Source LLC
LaVergne TN
LVHW051123080426
835510LV00018B/2210